AF235081

Die Aussteiger-The Dropouts

Oase der Lebensfreude für Zivilisationsmüde

Ein Roman von Horst Reiner Menzel

Impressum:

Bibliografische Informationen:
Die Deutsche Nationalbibliothek verzeichnet die Publikation
im Internet unter: http://dnb.dnb.de

Horst Reiner Menzel
Dieselstraße 8
71546 Aspach
Autor, Lyriker und Aphoristiker
doremenzel@gmx.de
Website: https://horst-reiner-menzel.jimdo.com/

1. Auflage August 2018
Taschenbuch ISBN: 9783753462264
E-Book ISNB:
BoD Books and Demand und Amazon Verlag

Typisches Hafensteg Scenario

Wundersame Unter-Wasserwelt entdecken

Mit vollen Segeln auf der Kreuz

Vorwort

Die Hoffnung eine Insel zu finden, ich meine damit nicht ein Island in einer verzauberten Südseewelt, sondern einen Platz in der Welt, in ihr zu leben und seine Erfüllung, Profession und Lebensqualität zu erlangen, beseelt viele Menschen, egal ob in einer Dorfschmiede, in der Hütte eines Schrebergartens oder vielleicht auch auf einer Südseeinsel. Man kann einen Doktortitel haben, oder Ingenieur sein und trotzdem als Clochard in Paris glücklich und zufrieden leben oder ein Weltenbummler auf der ewigen Suche nach dem Glück. In allem Kleinen etwas Großes zu sehen, kann oft mehr Befriedigung schenken, als in die scheinbar große Welt der Schönen und Reichen einzutauchen. Man kann sie einfach nicht mehr sehen, diese Promis und die vielen, die auch dazu gehören möchten, das ganze Szenario der Politprominenz, der Preis-Verleihungen und dergleichen Selbstbeweihräucherungen des Establishments. Hier eine kleine Auflistung der „Preisverleihungen 2016":

- AACTA International Awards 2016
- Amadeus-Verleihung 2016
- Internationale Filmfestspiele Berlin 2016
- British Academy Film Awards 2016
- César 2016
- Critics' Choice Movie Awards 2016
- Critics' Choice Television Awards 2016 (Januar)
- Critics' Choice Television Awards 2016 (Dezember)
- Deutscher Fernsehpreis 2016
- Deutscher Filmpreis 2016
- Deutscher Musical Theater Preis 2016
- Deutscher Schauspielerpreis 2016
- Echoverleihung 2016
- Europäischer Filmpreis 2016
- Faustverleihung 2016
- GoEast-Festival des mittel- und osteuropäischen Films 2016

- Golden Globe Awards 2016
- Goldene Himbeere 2016
- Goldene Kamera 2016
- Goldener Spatz 2016
- Grammy Awards 2016
- Grimme-Preis 2016
- Ingeborg-Bachmann-Preis 2016
- International Opera Awards 2016
- Internationale Filmfestspiele von Cannes 2016
- Internationale Filmfestspiele von Venedig 2016
- Kerrang! Awards 2016
- MTV Europe Music Awards 2016
- MTV Movie Awards 2016
- MTV Video Music Awards 2016
- Verleihung des Nestroy-Theaterpreises 2016
- Nickelodeon Kids' Choice Awards 2016
- Oscarverleihung 2016
- Österreichischer Filmpreis 2016
- Primetime-Emmy-Verleihung 2016
- Pulitzer-Preis 2016
- Radio Disney Music Awards 2016
- Romy-Verleihung 2016
- Saturn-Award-Verleihung 2016
- Screen Actors Guild Awards 2016
- Verleihung der Student Academy Awards 2016
- Sundance Film Festival 2016
- Teen Choice Awards 2016
- Tony Award 2016
- Toronto International Film Festival 2016
- Wind Music Awards 2016

Man erkennt zweifellos die Inflation dieser Ehrungen. Große Probleme ergeben sich dem unvoreingenommenen Betrachter auch, schaut er sich die Namenslisten der Jury-Mitglieder genauer an. Bei jeder Veranstaltung kommen sie zusammen, je prominenter, desto weiter vorn platziert und hochgestylt in den Sitzreihen. Oder die Typen, mit Schlips und Kragen, einen neuen Spaten in der Hand, stehen sie reihenweise an einem vorher aufgeschütteten Sandhaufen und machen den „ersten Spatenstich", dabei könnten sie vielleicht nicht einmal ihren eigenen Garten umgraben. Sodann die Inflation von Straßen-Einweihern: Weil es nicht geht, dass nur einer das Band durchschneidet, bekommen sie jeder 50 Zentimeter Absperrband zugemessen, wie die kleinen Kinder, die um ein Spielzeug streiten. In der heutigen Zeit, macht sich ein bisher unbekannter Virus breit, der Selbstdarsteller-Virus, der an Dummheit nicht zu überbieten ist. Selbstdarstellung und Publicity um jeden Preis, auch um den Preis, sich der Lächerlichkeit preiszugeben.

Was treibt sie an, die selbstverliebten Bergs, Fischers, Stones, die Schauspieler, Sportdarsteller und all die kleinen und großen, öffentlichkeitsgeilen Gernegroßen? Haben sie in ihrem bisherigen Leben nicht schon alles erreicht, alles Geld der Welt verdient, alle Ehrungen genossen? Könnten sie sich nicht genüsslich zurücklehnen und sagen: „Es ist genug, gehen wir den Leuten nicht länger auf die Nerven und lassen die Welt in Ruhe." Nein, wenn alles schon ausgereizt ist, wenn man keine Peinlichkeit ausgelassen hat, setzt man noch eins drauf und inszeniert publicitysüchtig irgendeinen Skandal, um wieder ins Rampenlicht zu kommen. Der Nachwelt muss man auch noch ein Buch mit dem geistigen Inhalt eines Oberschülers hinterlassen, das natürlich von einem Ghostwriter geschrieben wurde. Klar doch, was könnte die Nachwelt denn mehr interessieren, als die Memoiren eines abgehalfterten Politikers, der in seinem politischen Leben ohnehin schon genug Mist gebaut hat. Es ist die ungezügelte Angst in Vergessenheit zu geraten, ins Niemandsland der unbekannten breiten Masse zu versinken.

8

Wahre Größe zeigt sich aber darin, abzutreten von der Weltbühne, ehe es zu spät ist, nicht wenn man sich, wie ein Johannes Heesters, bereits am Flügel festhalten muss, um noch ein letztes Mal das Publikum zu nerven. Sondern, wenn man mit dem Alter seinen Frieden macht, der Welt und dem Publikum erlaubt den Menschen, den man in seiner Zeit mochte, in guter Erinnerung zu behalten. Die Menschheit wartet schon zu lange auf diesen Tag des Friedens in der Welt und das Fest, das wir am 24. Dezember feiern, ist der Legende nach vor 2017 Jahren zu Christi Geburt in die Welt gekommen. Aber der Frieden wird immer und immer wieder von Verbrechen überschattet. Alle Menschen wollen das Gute, auch diese Glaubensfanatiker begehen Verbrechen, wenn sie anderen Menschen ihre Version von Gott aufzwingen. Sie meinen mit Schlechtem, Gutes schaffen zu können.

Doch die eigentlichen Verbrecher sitzen an den Schalthebeln der Macht und versuchen anderen Menschen und Völkern, „ihren Frieden" aufzuzwingen, der meist nur darin besteht sich zu bereichern. Am Allerschlimmsten empfinde ich die Machtbesessenen, auch in unserer Mitte, sie glauben sie seien die Guten und die anderen die Bösen. Sie liefern Waffen, MP's, großes Kriegsgerät und U-Boote an Staaten, die mit ihren Nachbarn keinen Frieden machen wollen. Wir kaufen den Arabern das Öl ab und mit dem Geld bezahlen sie dann die Waffen, die wir ihnen liefern, so machen wir uns mitschuldig. Mit Donald Trump und Kim Jong Un, rasen zwei Züge aufeinander zu. Diese Bushs und Co. führten Kriege, die Putins probieren ihre neuen Waffen in Syrien aus und Obama, der Friedensnobel-Preisträger, ermordet per Fernsteuerung die Feinde der USA und alle meinen damit die Welt verändern zu können, doch sie erzeugen nur Gegengewalt.

Wenn man Frieden will, darf man andere Menschen nicht bedrohen, man muss mit gutem Beispiel vorangehen und wie Jesus den Frieden nicht nur predigen, sondern leben. Leider hat auch er den Frieden auf Erden nicht erlebt, sondern ist von machtbesessenen

Verbrechern der Weltgeschichte ermordet worden. Friede ist nur durch Friedfertigkeit zu erreichen, das heißt nicht die andere Wange hinzuhalten, sondern eine angepasste Verteidigungslinie aufzubauen, die notwendige Abschreckung gegen verbrecherische Angriffe auf den Frieden ermöglicht. Doch Rache wie im Fall Osama bin Laden darf es nicht geben, solche Leute gehören stattdessen vor das Kriegsverbrechertribunal in DEN Haag.

Man lässt es in Syrien zu, dass sie ihr eigenes Volk totbomben und zusammenschießen. Wo ist die UNO, wo die Anklage, die ihre Verbrechen gegen die Menschlichkeit ahndet? Wo ist das >Weltgesetzbuch <, der moderne Codex Hammurapi? Doch ich bin sicher, er wird noch geschrieben werden.

Seit es Menschen gibt,
versuchen sie mit immer schlimmeren
Waffen – Frieden zu schaffen.

Rei©Men

Der Autor

Kapitel 1 Die Entschleunigung

Er musste einfach mal raus, raus aus diesem Affenzirkus, es war nicht mehr auszuhalten. Diese Hektik, dieses sich bewähren müssen – jeden Tag und immer eine gute Figur machen, egal wo man hinging oder was man unternahm, eine gute Miene zu jedem, selbst zum bösesten Spiel machen, sich ständig verbiegen müssen, sich zu prostituieren und mit Leuten, die er von ganzem Herzen verabscheute, zusammenzuarbeiten. Der ständige Erfolgsdruck lastete wie ein Damoklesschwert über ihm: Kindergarten, Schule, Gymnasium, Studium und der Einstieg ins Berufsleben. Schlagartig wurde es ihm klar, er war inzwischen 35 Jahre alt, hatte aber noch nicht wirklich gelebt, noch nichts erlebt!

Ja, da stand ein Porsche in der Garage seines Hauses, sein Bankkonto war prall gefüllt, seine flüchtigen Freundinnen, konnte er kaum noch an einer Hand abzählen, doch echte Liebe? Er hatte sie nicht gefunden, sie sonnten sich alle nur in seinem Erfolg. Aber was war das eigentlich: Erfolg? In materieller Hinsicht hatte er viel erreicht, aber, war er deshalb ein erfolgreicher Mensch? Das wurde ihm plötzlich klar, als er im Krankenhaus aufwachte und seine Beine nicht mehr bewegen konnte. Langsam erinnerte er sich an den Idioten, der ihn beim Skifahren von hinten umgefahren hatte. Ja, natürlich, er war hochgeschleudert worden und landete unglücklich auf einer Felsplatte, die nur von ein paar Zentimetern Schnee bedeckt war. Er nahm sich vor, wenn er je wieder einigermaßen hergestellt sein würde, wollte er sein Leben von Grund auf ändern. Doch die Diagnose verhieß nichts Gutes: „Partielle Querschnittslähmung QL, TH 12 Parese - Schockzustand.", sagte der Chefarzt.

Nie wieder Sport machen, nie wieder mit einer Frau schlafen, es blieb nur der Rollstuhl und den hasste er jetzt schon, doch der stand an seinem Bett und grinste ihn an. Als er dann in der Reha, im

11

„Zentrum für Wirbelsäulenchirurgie und Klinik für Rückenmarksverletzungen" in Heidelberg war, kamen sie anfangs noch ein paar Mal zu einem sogenannten Anstandsbesuch vorbei. Dann wurden sie immer weniger und nach und nach waren sie alle weg, „die guten Freunde". Es blieben nur seine Eltern und die Geschwister übrig, die seinen Schmerz teilten. Ja, seine Eltern, wie hatte er sie in den letzten Jahren vernachlässigt, nur mal kurz guten Tag gesagt und dann weiter, weiter, keine Zeit, keine Zeit. Jetzt hatte er sie, die Zeit, doch er wusste mit ihr nichts anzufangen, sein Lebensgebäude war zusammengebrochen.

Ein paar Wochen später hatte er einen kleinen Teil seines früher unerschütterlichen Selbstbewusstseins durch einen Zufall wiedergefunden. Die Versicherung des Verursachers wollte nicht zahlen, sie sah eine Mitschuld in seiner Fahrweise und behauptete, dass er den Unfall hätte verhindern können, wenn er dem von rechts kommendem Skiläufer, nach links ausgewichen wäre. Da packte sie ihn wieder, die Wut auf diesen unverantwortlichen Pisten-Schmarotzer und riss ihn aus seiner Lethargie. Dieser Widerling, der nicht einmal gestürzt war, sich nicht einmal entschuldigt hatte und ihm zurief, er solle ihm doch mal seinen verlorenen Skistock runterwerfen. Der Ärger riss ihn aus dem Bett, er ließ sich die Akten kommen und studierte den Schriftverkehr, den sein Vater bisher geführt hatte. Von nun an wollte er kämpfen, sich nicht in das Schicksal ergeben, ab sofort trainierte er wie besessen in der Reha, um seinen Körper wieder für das Leben fit zu machen.

Zeugen gab es nicht und wenn es jemand gesehen hatte, so waren sie weitergefahren. Seine Freundin Sina war vor ihm gefahren und konnte den Unfall auch nicht gesehen haben. Aber, wo waren sie, seine Skistiefel, die Skier, die Stöcke, ja und seine Kleider, die Handschuhe? Er rief seinen Vater an, der beruhigte ihn: „Junge, sagte er, alles da wo du es immer über den Sommer gelagert hattest. Das Krankenhaus hat uns alles übergeben, aber warum fragst du, Skifahren

12

kannst du...., in dem Moment stoppte er seine Rede, denn sie sollte mit *„doch nicht mehr"* enden. *„Vater, man kann auch als Querschnitts-gelähmter Skifahren, aber deshalb rufe ich nicht an, wir müssen ein Gut-achten in Auftrag geben, bringe mir bitte meinen Laptop, ich will her-ausfinden, wer dafür in Frage kommt."*

Es klopfte, Sina steckte ihren hübschen Kopf durch den Türspalt und grinste. *„Na, du Überflieger, wie geht es dir heute?"* fragte sie. *„Besser, ich will wieder weiterleben." „Das hört sich gut an." „Wie geht es dir Sina."* Fast hätte er *„mein Schatz"* gesagt, doch im letzten Mo-ment verkniff er es sich. Wie sah es aus, wenn er ihre Treue zu ihm so auslegte, als gehöre sie nun – auch nach dem Unfall – fest zu ihm, wo sie doch erst seit Kurzem zusammen waren und bisher nur ein loses Verhältnis gepflegt hatten.

Sina war eine etwas zu stille, introvertierte 1,75 m große junge Frau mit 28 Jahren. Sie hatte eine gute Figur, blondes, gescheiteltes Haar, das sie hinten zu einem Dutt hochsteckte. Die dunkle Hornbrille gab ihr einen intellektuellen Tatsch und das war sie auch. Mit dieser Einschätzung lag man nicht einmal falsch, denn die studierte Philolo-gin war Lektorin in einem Offenburger Verlag. Dieser Frauentyp hatte nie zu seinen Favoritinnen gezählt, eigentlich war sie nur zufällig in sein Beuteschema geraten. In seinem Bekanntenkreis kannte er keine Frauen, die Skifahren konnten. Sie war ihm beim Tanzen in der Haus-bar seines Hotels in Hochsölden aufgefallen. Er war allein und die Aus-wahl an geeigneten Tänzerinnen in seinem Alter, war hier oben be-grenzt. Anscheinend war sie auch solo, würdigte ihn aber keines Bli-ckes. Als er sie zum Tanzen aufforderte, schaute sie ihn keineswegs begeistert an und meinte nach kurzem Zögern:
„Na gut, probieren wir's halt mal, aber dieses moderne Zeugs tanze ich nicht. Ich bin mehr für den gepflegten Gesellschaftstanz zu haben."

13

Das kann ja heiter werden, die macht schon vorher Einschränkungen, dachte er, doch dann stellte sich zwischen ihnen ganz schnell eine Übereinstimmung des Tanzfilings ein und offensichtlich hatte auch sie die gleiche Wahrnehmung, sodass sie den ganzen Abend zusammenblieben. Langsam zog er sie näher zu sich heran, sie legte ihm die Hand auf die Schulter und eher unbewusst, rutschte sie ihm in den Nacken. Im Aufzug ließ sie sich dann auch noch küssen und war dabei leidenschaftlicher, als er es sich hätte ausmalen können. Dann schloss sie ihre Tür auf, nahm ihn unkompliziert an der Hand und zog ihn ihr Zimmer hinein.

„Jan, ich habe noch eine Flasche guten Durbacher Spätburgunder, wenn du Lust hast, trinken wir zusammen noch einen Absacker, aber nur so zum Kennenlernen – sonst nichts weiter. Kennst du ihn, hast du ihn schon mal getrunken?" „Bezieht sich das Kennenlernen nur auf den Wein, oder auch auf mich?"

„Na, du weißt ja, im Wein liegt Wahrheit und wir kennen uns ja noch gar nicht, ich bin keine Frau für eine Nacht. Aber wenn du möchtest, darfst du dir inzwischen Schuh und Jacke ausziehen, das ist bequemer, ich komme gleich wieder."

Als sie zurückkam, hatte sie ihr wunderschönes, volles Haar gelöst, einen Jogginganzug angezogen und auch die Brille war verschwunden.

„Brauchst du die Brille nicht immer?" fragte Jan.

„Ach, zuhause oder jetzt hier im Zimmer trage ich sie nicht, ich habe nur eine kleine Fehlsichtigkeit und bekomme dann bei grellem Licht Kopfschmerzen."

„Na, dann passen wir ja wunderbar zusammen, du sehbehindert und ich gehbehindert." Jetzt lachten sie beide ein befreiendes Lachen, dass die Spannung löste. Er hatte sich kurz vorher, beim Aufhalten der Aufzugtür, sein Knie angeschlagen und humpelte ein wenig.

„Zeig mal her, also los, Hose runter", sagte sie unkompliziert.

„Aha, geschwollen, da packen wir mal die Eiswürfel aus dem Kühlschrank drauf und morgen springst du wieder von der großen Schanze."

14

„Na, hoffentlich, aber innerlich müssen wir auch noch ein paar Medikamente anwenden."
Während sie sein Knie mit einem Handtuch voll Eiswürfel umwickelte und das ganze Paket tapete, machte er die Flasche Durbacher Spätburgunder auf.
„Aah, Spätlese trocken, Barrique, beste Steillage". „Bist du Kenner?"
„Ne, steht auf dem Etikett, aber einen guten Tropfen erkenne ich schon. War nicht ganz billig, was?"
„So viel trinke ich nicht, aber wenn schon Wein, dann leiste ich mir was Ordentliches."
„Aaah, exzellentes, dunkelrotes, rosenfarbiges Bouquete, mit leichtem Zimtkarenzen, im Abgang tiefer Grottenkelch."
„Eye, das hast du jetzt erfunden?"
„Nee, irgendwo gelesen."

In dem Moment rutschte das Handtuch von seinem Knie etwas herunter. Als sie es wieder hochschob und ihm dabei tief in die Augen sah, spürte er ein leises Ziehen in den Lenden. Hoffentlich merkt sie es nicht, dachte er noch, aber dann war es schon geschehen, sie hing mit ihrem ganzen Körper über ihm und küsste ihn kunstvoll, berauschend, doch auch zärtlich liebkosend auf den Mund. Was im Sitzen noch verdeckt war, konnte er nun nicht mehr verbergen, weil sie auf ihm hing, doch sie ignorierte diese Entwicklung und zog ihn vom Stuhl auf den Teppich. Mit einem endlosen Aufstöhnen, gab sie ihn wieder frei, griff nach ihrem Glas, nahm einen tiefen Zug und machte sich von ihm los.
„Du ich bin müde, willst du bei mir bleiben oder gehst du in dein Zimmer?"
„Ja, wenn du möchtest, schlafe ich auch bei dir."
„Okay, aber dass das klar ist, heute noch keinen Sex."
„Gut, wenn du das aushältst, ist es auch für mich in Ordnung.",,Ja, dann gehe ich mal zuerst ins Bad."
Als sie nach ein paar Minuten mit einem eher unspektakulären, bunten Schlafanzug zurückkam, wäre er trotz der abschreckenden

15

Wirkung, am liebsten über sie hergefallen, doch im letzten Augenblick bekam er sich wieder unter Kontrolle. Als er aus dem Bad zurückkam, brannte die Nachttischlampe noch, doch sie war schon eingeschlafen. Vorsichtig legte er sich neben sie, legte einen Arm über ihre Taille und träumte sich in den Schlaf.

Am nächsten Morgen saßen sie dann zusammen am Frühstückstisch, so, wie ein ganz normales, altgedientes Ehepaar, das schon lange zusammen Urlaub machte, nur die Gespräche die sie führten, waren ganz anderer Natur.

„Jan, wo wohnst du eigentlich?"

„In Heidelberg, ich habe dort studiert und bin hängen geblieben. Und du?"

„Ich arbeite in einem Offenburger Verlag als Lektorin."

„Das ist schön, nicht so weit entfernt", dachte er laut nach.

„Soll das heißen, du möchtest mich näher kennenlernen?"

„Wie, ach so, na klar oder möchtest du das nicht, hast du anderweitige Verpflichtungen? Du hast doch gesagt du bist keine Frau für eine Nacht"

„Nein, ich möchte dich auch besser kennenlernen, das ist doch das Schönste in einer beginnenden Beziehung, gehen wir nachher zusammen Schifahren?"

„Ja, heute ist schönes Wetter, wir sollten zum Rettenbachferner hinter fahren, was meinst du?"

„Gut, dann treffen wir uns in einer halben Stunde im Ski-Stall.",,Hmm, bis dann."

Doch dann blieben sie auf dem Hochsöldener Plateau, denn es hatte frisch geschneit, die Pistenraupen waren gerade dabei den Neuschnee zu planieren. In der Sonne glitzerten die Eiskristalle, die sich im Morgendunst in der kalten Luft gebildet hatten und fielen ganz langsam nach unten, schwebten wie kleine Karfunkel dahin und legten sich sanft und leise auf den Neuschnee zu ihren großen Brüderchen.

16

Wintermorgen

Eisnadeln flirren, glitzern, fallen,
Milchsonne schwebend über allem,
klare Luft atmet ruhende Winterkraft,
Märchenwelt, kalt, unbarmherzig, zauberhaft.

Kristallklare Eispanzer kraftlose Zweige biegen,
die Naturwunder noch im Schoße der Erde liegen,
reglos staunend stehst du Mensch, unbedeutender Wicht,
erwartend das hervorbrechende Frühlingslicht.

Rei©Men

Die Massen der Skitouristen waren noch unten im Tal und die Pisten fast leer. Es war eine Lust die Hänge hinunter zu sausen und die Schönheiten dieses Sportes zu genießen. Immer, wenn sie sich nach einem Parallelschwung wieder begegneten, juchzte Sina sich die Lebensfreude aus der Seele. Einmal fuhr er ihr in ihre Falllinie hinein und ließ sie nicht weiterfahren. Doch sie stoppte und wich ihm aus, es entstand eine wilde Verfolgungsjagd und als sie mit weichen Knien und nach Luft schnappend stehenblieb, schuppste er sie in den frischen, sauberen Schnee und verwickelte sie in eine wüste Balgerei, bedeckte sie mit schneeverkrusteten Küssen, die sie leidenschaftlich erwiderte.

„Du", gestand er, „ich glaube, ich habe mich in dich verliebt."
„Und ich in deine Küsse."

Und dann fuhren sie durch den tiefen Taleinschnitt, den die Einheimischen das >Kanonenrohr < nennen, talwärts weiter bis an den letzten Schlepplift, der sie vorbei an den Hochsöldener Nobel-Hotels wieder nach oben brachte. Gegen Mittag kehrten sie in ihrem Hotel, dem Gurschler, in Hochsölden ein und nahmen einen kleinen Snack zu sich.

„Kommst du mit hoch, ich lege mich gern eine Stunde ins Bett und gehe dann wieder raus, wenn die Ski-Touris anfangen, wieder talwärts nach Sölden abzufahren."

Während sie zum Ski-Stall gingen, fragte er:

„Wie bist du zu diesem Hotel gekommen?"

„Ich war schon als Kind mit meinen Eltern hier oben zum Skifahren. Damals war das Haus noch nicht umgebaut und renoviert worden und der alte Gurschler, sang abends in der Hausbar kesse Lieder. Draußen hatten sie eine Eisbar aufgebaut, da konnte man direkt mit dem Ski ranfahren und ohne abzuschnallen einen Jagertee trinken. Hier habe ich auch ein paar Skikurse absolviert. "

Als sie oben ankamen, ging er ohne etwas zu sagen zu seinem Zimmer, eigentlich wollte er sich nur ein paar Sachen holen. Doch sie rief ihm hinterher:

„Schlaf gut, ich bin dann so um halb drei wieder im Skistall."

„Gut, ich auch, bis dann."

Später als sie dann ihre Skier wieder anschnallten, machte sie den Vorschlag, noch ein wenig im Höchsöldener Talkessel zu fahren, um dann in die „Ur-Hütta" an der Langeggbahn einzukehren.

„Die machen einen hervorragenden Kaiserschmarren, man kann sich wunderbar in die draußen stehenden Sessel und die bereitliegenden Decken einkuscheln, die Sonne genießen und einen Kaffee trinken."

„Dazu lasse ich mich gern verführen, dann dürfen wir aber die letzte Bergfahrt der Langeggbahn nicht verpassen", gab er zu bedenken.

„Das ist kein Problem, ich bin schon öfters am Spätnachmittag bis unten nach Sölden abgefahren, um im Ort herumzuschlendern oder etwas einzukaufen. Man kann dann mit der alten Giggijochbahn bis zirka 18 Uhr hochfahren. Das war früher die einzige Bahn die nach oben ging, bevor die Gondelbahn und die Gaislachkogelbahn gebaut wurden."

„Gut, notfalls gibt es ja auch noch Taxis, die uns hochbringen."

Als die Sonne hinter den Bergen verschwand, wurde es langsam kühler und Jan schlug vor, den Kaiserschmarren innen zu genießen.

18

Die Hüttenräume waren fast unverändert belassen worden, da stand noch der alte Küchenherd und an der Wand entlang befanden sich nur fest verschraubte Bänke. Nebenan im alten Kuhstall hingen die Werkzeuge der Berg-bauern, die hier oben auf der Alm jahrhundertlang gelebt und gearbeitet hatten. Die einzigen neuen Errungenschaften, waren die moderne Küche, die Toilettenanlagen, die Elektro-Stromversorgung und die Wasserleitungen. An der Wand gegenüber enddeckte er ein holzgeschnitztes, buntbemaltes, lustiges Schildchen:

„Die Gäste haben sich so zu verhalten,
dass der Gastwirt sich jederzeit wohlfühlt."

Nach der Abfahrt durch das Rettenbachtal, gingen sie mit geschulterten Ski entlang der Ötztaler Ache talwärts, Richtung Giggijochlift, schauten in die vielen kleinen Geschäfte hinein und fuhren dann mit der alten Sesselbahn wieder nach oben. Eigentlich gab es sie gar nicht mehr, diese Bahn, sie war aus einer Transportseilbahn, die einstmals Milch und fertigen Käse von den Almen ins Tal transportierte, entstanden. Man musste schon genau hinschauen, bis man sie fand, und im Grunde diente sie nur noch als Versorgungsbahn für die Hotels in Hochsölden und für eine paar späte Gäste, welche die letzte Bergfahrt der Giggijoch-Gondelbahn verpasst hatten. Zwischen den Sesseln hatte man Transportkisten eingehängt und jedes Mal, wenn ein „Transporter" be- oder entladen wurde, hielt der Sessellift an. Deshalb dauerte es ein Weilchen, bis sie oben ankamen, doch die Zeit nutzten sie ausgiebig zum Küssen und zwischendurch, um auch mal die Bergwelt von ihrem hohen Standpunkt aus zu betrachten. An den nächsten zwei Tagen schneite es wie verrückt und an Skifahren war nicht zu denken. Die Pistenraupen mussten den Neuschnee auch in der Nacht planieren, damit er sich mit dem alten Schnee verband, doch ihre Hauptaufgabe war, die Skipisten zu präparieren. Die sich an den überhängenden Feldmassiven bildenden Lawinen, wurden alle paar Stunden von den Hängen „abgeschossen" und stürzten mit

Donnergetöse ins Tag, sodass man jedes Mal aus dem Schlaf aufschreckte.

Sina erzählte:

„Früher gab es entlang der Bergkuppen eine Querseilbahn. An einem Ende hängte man die Sprengladungen an die umlaufenden Seile, brachte sie in die richtige „Schussposition" und zündete die Ladungen. Der Explosionsdruck löste dann die Lawinen aus. Wir standen hinter unseren Zimmerfenstern und sahen zu, wie die Schneemassen zu Tal rauschten. Heute sind in den Berg kleine Kammern, mit entsprechenden Gas-Explosions-Techniken eingebaut worden, und man sieht nur noch an den dicken, schwarzen Rohren wo sie sich befinden."

Vor Bergwanderungen und dem Verlassen der Pisten wurde überall gewarnt. Sina und Jan saßen in den Aufenthaltsräumen, spielten auf ihrem Zimmer Schach und tauschten Informationen über ihr bisheriges Leben aus. Es stellte sich heraus, dass sie viele gemeinsame Interessen hatten. Nach dem Abendessen gingen sie in die Hausbar zum Tanzen, verbrachten die Nächte zusammen in Sinas Zimmer und was sie da machten, tun alle verliebten Menschen auf der Welt sowieso und andere, die sich mögen auch. Jan hatte schon fast alle seine Kleidungsstücke bei Sina in einen leeren Schrank umgeräumt und ging nur noch in sein Zimmer, wenn etwas fehlte. Als er mal an der Rezeption vorbeikam, sprach ihn die Hotelmanagerin an:

„Herr Berger, wir haben ein Problem, ein guter Gast von uns, der jedes Jahr zum Skifahren bei uns weilt, wollte kurzfristig kommen, weil viel Neuschnee gefallen ist, wir haben aber für ihn kein Zimmer mehr frei. Bitte verstehen Sie mich nicht falsch, unsere Zimmerfachkraft gab mir den Tipp, entschuldigen Sie bitte, wenn ich Sie darauf anspreche, Sie finden es vielleicht unhöflich, doch sie meinte Sie würden inzwischen bei Frau von Linden wohnen, sodass Sie ihr Zimmer eigentlich nicht mehr brauchen."

„Ja, das stimmt, wir haben uns ineinander verliebt, doch ich müsste dazu Sina – haben Sie gesagt ‚von Linden' – fragen?"

20

„Ja, sie ist auch schon sehr lange unser Gast, kam schon mit ihren Eltern zu uns."

„Aha, sowas? dass ‚Von' hat sie weggelassen. "Ja, ich weiß, das war schon immer so, bitte sagen Sie ihr nicht, dass Sie es von mir gehört haben."

Jan grinste über das ganze Gesicht, dann fragte er:

„Was hatten Sie sich denn gedacht, wegen der Bezahlung?"

Sie schaute in ihrem Buchungsprogramm nach und überlegte kurz.

„Also, Sie sind ja auch ein guter Kunde, ich würde Ihnen die fünf Tage, die Sie schon hier sind nachlassen, vorher muss ich noch Herrn Lorenz anrufen, ob er bereit ist die Tage zu übernehmen, aber ich denke, der kann sich das locker leisten."

„Gut, dann rede ich jetzt zuerst einmal mit Frau Dr. Sina von Linden, ich melde mich dann gleich wieder bei Ihnen", damit ging er nach oben.

„Hallo Sina, die Hotelmanagerin hat mir den Vorschlag gemacht, mein Zimmer aufzugeben, das heißt, ihr Zimmermädchen hat wohl mitbekommen, dass wir nur ein Zimmer benutzen. Sie haben einen Gast, der nicht rechtzeitig vorgebucht hat, nun hat es aber gut gescheit, deshalb will er morgen anreisen, sein Butler ist schon mit dem Wagen unterwegs und soll Quartier machen. Sie wollen mir fast eine ganze Woche schenken, diese Kosten übernimmt er auch noch."

„Ja, dann mach das doch, wir wohnen doch sowieso zusammen, ich wollte dir schon diesen Vorschlag machen, hab mich aber nicht getraut."

„Aber nur, wenn ich die Hälfte von deinen Zimmerkosten übernehmen darf und den Nachlass verpulvern wir sinnlos."

Am letzten Urlaubstag, einem Freitag, bei der letzten Abfahrt passierte es dann: Ein Pistenraudi fuhr Jan hinten über die Skier, er machte einen Überschlag nach vorn, stürzte erst auf den Kopf und dann auf den Rücken. Durch den Aufschlag waren mehrere Halswirbel gestaucht und ein Brustwirbel gebrochen. Er versuchte noch aufzustehen, doch das gelang ihm nicht mehr. Ein Hubschrauber brachte ihn dann ins Krankenhaus nach Innsbruck. Es wurde eine MRT gemacht und der Spezialist erklärte ihm seinen Zustand in etwa so: „Herr Berger, sie haben sich bei dem Sturz den 18. Brustwirbel gebrochen. Es ist kein Splitterbruch, nur ein kleiner senkrechter Riss, die Wirbelkörper sind nicht verschoben. Durch die Stauchung ist eine Schwellung entstanden, daher die Lähmung, die aber langsam wieder abklingen sollte. Wir haben uns entschlossen, keine Operation durchzuführen. Sie müssen jetzt 3 Wochen in einer Gipsschale liegen, bis der Wirbelknochen verheilt ist, damit keine weiteren Schäden entstehen. Es ist zu hoffen, dass Sie nach der Reha wieder gehen können."

Ja, nun war er seit einem halben Jahr in der Reha, doch sein Zustand verbesserte sich nicht wesentlich. Trotz größter Anstrengungen der Physiotherapeuten und der außer-ordentlichen Energieleistung von ihm selbst, konnte er keinen Schritt alleine gehen. Allerdings hatten sich die Lähmungen soweit zurückgebildet, dass er alle Glieder wieder bewegen konnte, nur die Beine knickten einfach weg, wenn er sie belastete. Sina war bei ihm geblieben und wurde dafür reichlich belohnt. Der ehemalige „Frauenverbraucher" war zahm geworden und dankte ihr ihre Treue auf liebevolle Art. Seinen Job hatte er nicht mehr angetreten, obwohl man ihn gern zurückgehabt hätte. Im Moment arbeitete er an seiner Wiederherstellung und kämpfte mit der Versicherung um eine Invaliden-Rente. Wie in solchen Fällen üblich, versuchte die Versicherung ihn auf kleiner Flamme weichzukochen und zu zermürben, um die Kosten für die Gesellschaft so niedrig wie möglich zu halten. Der Unfall war inzwischen von einem unabhängigen Gutachter, den Jan beauftragt hatte, untersucht worden. Anhand der Beschädigungen an seinen Schienden und an den Schuhen war klar, wer hier wem hinten hineingefahren war.

In dem ‚Gefälligkeitsgutachten', das die Versicherung dann bei Gericht vorlegte, wurde weiterhin behauptet, das Jan mitschuldig sei, weil er die Piste gequert habe. Der Unfallverursacher Herr Bauer, hatte aber inzwischen zugegeben, dass er nicht richtig aufgepasst hatte. Das wurde möglich, weil Sina sich erinnerte, dass er eine

22

Helmkamera getragen hatte. Der Richter fragte, wo denn der Film sei und machte Herrn Bauer, der auch als Zeuge geladen war, darauf aufmerksam, dass Unterschlagung oder Nichtbeibringung von Beweismaterial eine strafbare Handlung sei, die je nach Schwere bis zu einem Jahr Gefängnis geahndet würde. Außerdem könne er sich nur durch ein Geständnis entlasten. Selbst wenn in diesem Verfahren seine Schuld festgestellt würde, und seine Haftpflichtversicherung zahlen müsse, hätte er keine Strafe zu befürchten. Im anderen Fall, wenn später festgestellt würde, dass er etwas verschwiegen hat, könnte man ihm die Kosten dieses Verfahrens anlasten. Nun griff Bauer in die Tasche, legte dem Richter eine kleine Schachtel mit einem Mikrochip auf den Tisch und sagte:

„Tut mir leid, ich habe das nicht gewusst und die Versicherung hat mir Angst gemacht, ich solle die Schuld nicht zugeben, weil man sich vor Gericht nicht selbst belasten muss."

„Das ist zwar richtig", sagte der Richter, *„aber sie stehen hier nur als Zeuge vor Gericht, nicht als Angeklagter, denn Herr Berger hat gegen Sie keine Strafanzeige erstattet."*

Damit war die Sache gelaufen und die Versicherung wurde zur Zahlung einer Rente oder Abfindung verurteilt. Nun feilschte sie um die Höhe der Abfindung. Die Bemessungsgrundlage für die zu zahlende Rente war die Höhe des Gehaltes von Jan Berger. Es wurde ein Betrag von 5000 Euro Netto-Monatsgehalt zugrunde gelegt, also 60.000 pro Jahr, zuzüglich der für solche Fälle vorausgeschätzten Lohnerhöhungen und den zu erwartenden Teuerungsraten. Da Jan noch mindestens 50 Jahre Lebenszeit vor sich hatte, ergab sich eine Summe von 3 Millionen Euro zuzüglich der zu erwartenden Teuerungsraten und den jährlich üblichen Gehaltsteigerungen. Wenn man den Versicherungs-Mathematikern trauen konnte, kamen dafür noch mal pro Jahr 4,8 Prozent hinzu, das ergab einen Zuschlag in Höhe von zirka 1, 5 Millionen Euro. Da er jedoch in der Lage war, wieder zu arbeiten, mussten die zu erwartenden Verdienste wieder in Anrechnung gebracht werden. Die Versicherer meinten, er könne die Hälfte seines Unterhaltes selbst verdienen, also 2500 netto im Monat. Es war jedoch klar, dass er das nicht 50 Jahre lang würde tun können, wenn sich seine Situation verschlechtern sollte, oder, wenn er in Pension ging. Nachdem all diese Faktoren berücksichtigt worden waren, bot ihm die Versicherung eine Abfindung in Höhe von 2 Millionen an. Damit konnte er natürlich nicht zufrieden sein, er rechnete sich jedoch aus, wenn er 1,5 Millionen gut anlegen würde, könnte er aus diesem Kapital pro Jahr 60.000 Euro Zinsen erlösen. Also versuchte er noch etwas mehr herauszuschlagen. Nach zähen Verhandlungen einigte man sich auf 2,5 Millionen als Abfindung.

Die Versicherung versuchte jedoch, das Geld gleich wieder in ihrem Hause zu behalten, um es gewinnbringend anzulegen, letztendlich würde sie auch daran wieder verdienen, doch Jan bestand auf Auszahlung der Summe.

In jeweils 100.000 Euro gestückelt, legte er eine glatte Million bei zehn verschiedenen gemeinnützigen Banken auf Festgeldkonten an. Doch was sollte er nun tun, Jan war Binnenländer, doch er hatte schon immer davon geträumt, einmal eine große Segelreise auf der „Barfußroute", linksherum um den Erdball zu machen.

Die Barfußroute, führt über die Kanarischen Inseln in die Karibik, durch den Panamakanal in die Südsee, dann nach Neuseeland und Australien, über Thailand und durch den Suezkanal zurück nach Europa. Der Name kommt daher, weil man größtenteils durch tropische Gewässer segelt und meistens Barfuß an Deck herumlaufen kann, was aber gute Segler wegen der Verletzungsgefahren nicht tun.

Angesichts der zunehmenden Piraterie im westlichen Indischen Ozean, wurde von der ISAF (Internationale Saling Fédération) vor der Passage gewarnt. Anmerkung des Autors

Jeden Sommer war er oft auf verschiedenen Eigner- und Charterschiffen unterwegs gewesen, dabei hatte er sich das entsprechende Fachwissen erworben. Jetzt nahm sein Plan Gestalt an, doch zunächst wollte er seinen Körper noch besser trainieren und sich fit machen, dann mit Freunden einige Probefahrten absolvieren, bevor er an ein eigenes Schiff denken konnte. Außerdem musste er mit Sina darüber reden, die kannte das Segeln nur von Bildern und Filmen. Für seine Zwecke eignete sich am besten ein gemütlich, aufrecht segelndes Zweirumpfboot, also ein Katamaran. Ein weiteres Kriterium waren die geringen Höhen-Unterschiede innerhalb eines solchen Schiffes, das hieß vor allem, der Niedergang durfte nicht zu viele Stufen nach unten haben, eventuell musste er sich einen Treppenlift einbauen lassen. Als er sich wieder besser fühlte, machte er Sina mit seinen Plänen bekannt. Sie war nicht gerade begeistert, wollte aber die Segelei auf einem Probetörn mal ausprobieren. Ein Freund von Jan, der geheiratet hatte, trieb sich schon lange im Mittelmeer herum, also rief er ihn an. Wie sich herausstellte, lagen sie schon seit einiger

Zeit in einem Kroatischen Hafen in der Nähe von Split. Vierzehn Tage später segelten Sina und Jan auf dem Katamaran der >Relax< mit Dr. Werner Sänger und seiner Frau Sibylle in den Kornaten. Sina, die bisher nur einmal mit ihren Eltern eine große Kreuzfahrt unternommen hatte, wo sie sich fast zu Tode gelangweilt hatte, war begeistert. Das herrliche Wasser, die Sonne, die abendlichen Sun-Dauner, das ganze Ambiente und das Leben an Bord, gefielen ihr ausgezeichnet und ihre Lektoren Arbeit konnte sie überall auf der Welt machen. Doch eines wurde ihr auch bewusst: was sie benötigte, war, das Seemannshandwerk gründlich zu erlernen, das war angesichts der Behinderung von Jan oberste Pflicht. Die blaue See, die Sonne und das fast lautlose dahingleiten des Segelschiffes bei ruhiger See, machte ihr Vergnügen und als dann einmal eine Delphinschule auftauchte und das Schiff eine halbe Stunde lang begleitete, war ihr Entschluss gefasst, es mit diesem Lebensstil zu versuchen. Als sie von dem Dreiwochentörn zurückkamen, meldete sie sich sofort in einer Segelschule an und machte nach einem halben Jahr ihre ersten Binnen- und Küsten-Segelführerscheine. Weitere sollten folgen, wenn sie dann mit Jan ihre Hochsee-Segelerfahrungen erweitert haben würde.

Jan hatte mit seiner Behinderung auf dem Katamaran überhaupt keine Probleme, die Niedergänge bewältigte er mit seiner neu antrainierten Armmuskulatur und den noch vorhandenen Kräften in seinen Beinen, aber auf seinem eigenen Schiff, wollte er dann doch lieber einen Treppenlift einbauen lassen. Sie vereinbarten mit ihren Freunden einen weiteren Törn zu machen und in die Zukunft gedacht, wollten sie dann zusammen mit zwei Schiffen eine Weltumsegelung wagen. Dabei konnte einer dem anderen jederzeit helfen. Eigentlich ein schönes, auf Gegenseitigkeit beruhendes Team, das auch in jeder Hinsicht sicher aufgestellt war, wenn eines der Schiffe eine Havarie hatte, war immer ein zweiter schwimmender Untersatz vorhanden. Vor allem Jan, mit seiner Behinderung, konnte jederzeit auf die Power des ganzen Teams zurückgreifen. Ein weiterer Sicherheitsfaktor war, dass Werner von Beruf Arzt war. Er hatte 25 Jahre in seinem Beruf

26

gearbeitet, gut verdient und etwas Geld geerbt. Seine Frau Sibylle war auch gut situiert, so konnten sie es sich leisten, ihrer Leidenschaft der Segelei zu frönen. Insgeheim freuten sie sich schon auf die vielen anstehenden Törns, die sie sich zu zweit, mit ihrem eigenen Schiff nicht zutrauten. Im Sommer war es dann soweit, Jan hatte sich auf dem Yachtmarkt umgesehen, aber noch kein geeignetes Schiff gefunden. Werner wollte sich im Mittelmeer umsehen, denn dort fand man schon eher Katamarane, als in den nördlichen Gewässern. Tatsächlich wurde er fündig und so flogen Sina und Jan wieder nach Kroatien. Der Eigner, ein Leipziger, hatte in Umag einen Makler gebeten, zu versuchen sein Schiff zu verkaufen, sagte jedoch zu Jan, er wäre nur im Erfolgsfall an ihn gebunden und könne seine Yacht auch privat veräußern. Das Schiff war erst 15 Jahre alt und hatte einmal 1,3 Millionen Euro gekostet. Er legte Kopien aller Kaufbelege, einschließlich der Rechnungen von der Ausrüstung vor. Mit den beiden Beibooten, den beiden Rettungsinseln, der gesamten doppelt vorhanden Segellast und den Außenbordmotoren für die Beiboote, hatte die Yacht 1,5 Millionen gekostet. Für das Schiff wollte er noch 1,2 Millionen Euro haben. Jan hatte den Verkehrswert im Internet recherchiert und hatte für das ganze Paket 900.000 bis 1 Million als Kaufpreis ermittelt. Werner hatte schon öfters in Umag, dem Einklarierungshafen von Kroatien gelegen. Bei abendlichen Spaziergängen mit Sybille mussten sie oft an der Kaimauer, wo die Katamarane meistens lagen vorbei und wie das bei Seglern so ist, hatten sie sich natürlich andere Schiffe angesehen und darüber diskutiert. Sybille erinnerte sich, dass das Schiff schon seit einem Jahr zum Verkauf stand und nicht sehr gepflegt aussah. Kein Wunder, wenn es der Eigner nicht nutzt und der Makler nicht verkauft, vergammelt alles, dann geht eben jedes Eigentum zugrunde. Eines aber sah man nun plötzlich, das Schiff musste erst vor kurzem gereinigt worden sein, weil sich vielleicht ein Interessent gefunden hatte. Werner war zu Ohren gekommen, dass Makler gern die Eigner hinhalten, weil sie für sich selber mehr Provision herausschlagen wollen. Dieser Trick scheint bei Schiffs-Maklern sehr beliebt zu sein, man nervt den Verkäufer so lange, bis er mit dem Preis heruntergeht und kauft dann das Schiff über einen „Strohmann" selber, um es mit hohem Gewinn weiter zu veräußern. Klappt das nicht, versucht man nicht nur vom Verkäufer, sondern auch noch vom Käufer eine Provision herauszuholen. Das alles ist natürlich nur möglich, wenn man den Preis vorher heruntergedrückt hat. Wenn sich der Eigner nicht persönlich um den Verkauf kümmert, werden solche Schiffe oft noch ausgeweidet. Man entfernt alles zusätzliche Zubehör, wie ein zweites Beiboot, doppelte Besegelung oder Dinghi-Motoren, die man dann anderweitig verkauft. Ein Trick ist auch, die Boote künstlich zu altern, in dem man sie verschmutzen lässt oder einzelne Komponenten, wie Elektronik oder Radaranlagen mit kleinen Kniffen außer Betrieb setzt. Dem Eigner soll vorgegaukelt werden, dass sein Schiff nichts mehr wert ist, bis er dann aufgibt und froh ist, den „schrottreifen Kahn" endlich loszuwerden.

Bernd Jäger aus Leipzig, der Eigner der >Oase <, war jedoch ein erfahrener Skipper, den man nicht so leicht über den Tisch ziehen konnte und hatte den Makler zur Inspektion des Schiffes einbestellt. Von den Verkaufsverhandlungen mit Jan Berger wusste der natürlich nichts. Außerdem hatte er ihn angewiesen, das Schiff segelklar zu machen. Nach der Überprüfung sagte Bernd zum Makler, er werde nun das Schiff in eigener Regie verkaufen und breche die Geschäftsbeziehung mit ihm wegen Erfolglosigkeit ab. Man kann sich vorstellen wie dumm der aus der Wäsche geschaut hat, nachdem er das Schiff hatte sauber putzen, alle zuvor auf >Störung< geschalteten Aggregate wieder in Betrieb genommen und das Zubehör an Bord gebracht hatte. Er solle ihm eine Rechnung für seine Auslagen schicken. Den Käufer Jan Berger hätte er selber gefunden und in seinem Vertrag sei das extra so vereinbart, dass er auch selber Käufer akquirieren könne, ohne den Makler honorieren zu müssen. Er forderte alle Schlüssel zurück und schickte ihn von Bord.

„So, sagte er zu Werner und Jan, jetzt wollen wir diese Sache mal wie ehrliche Kaufleute und anständige Menschen verhandeln."

28

„Was sind sie denn bereit zu bezahlen?", fragte er Jan. Jan hatte sich insgeheim 800.000 Euro vorgestellt und nannte diese Summe, war sich aber im Klaren, dass er noch etwas drauflegen musste.

„Spontan 800.000 Euro"

„Ich hatte mir 1,2 Millionen vorgestellt, würde noch 100.000 runter-gehen, aber das ist das Ende der Fahnenstange", erwiderte Bernd.

„Ich möchte das mit meiner Lebensgefährtin Sina besprechen, au-ßerdem sind mir doch so einige Zweifel gekommen, als ich hörte, was dieser Makler mit Ihrer Yacht gemacht hat, dem würde ich keinen Pfen-nig bezahlen."

„Werde ich auch nicht. Was können Sie denn noch drauflegen?"

„Darf ich, wie unter Seglern üblich Du zu Euch sagen?"

„Selbstverständlich. Ich dachte mir, wenn ich schon mehr bezahlen soll, müsste ich eine angemessene längere Probefahrt mit der >Oase < machen, danach kann ich mir ein Urteil erlauben, ob sie wirklich den Preis wert ist."

„Wie lange soll die Testfahrt dauern?"

„Na ja, ich dachte so eine Woche, wie wäre es denn, wenn ihr mit-kommt, dann kannst du mich einweisen und mit den Eigenheiten eines Katamarans vertraut machen, denn bisher habe ich nur Slup's (Ein-rumpfboote) gesegelt."

Er schaute seine Frau fragend an und sagte:

„Was meinst du Ruth, wir wollten ja sowieso noch eine letzte kleine Tour mit unserer „Oase der Lebensfreude" machen."

Die beiden waren schon in die Segeljahre gekommen und trauten sich nicht mehr allein das große Schiff zu segeln. Das war auch, neben gesundheitlichen Problemen, der Hauptgrund das Schiff zu verkau-fen.

„Klar Bernd, das machen wir, es ist nur schade, dass wir nicht mehr allein segeln können. Aber vielleicht chartern wir mal eine Slup und ma-chen doch noch ein paar kleine Reisen."

Werner der mitgehört hatte sagte:

„Ihr könntet doch jederzeit bei uns mitsegeln, wir wollen sowieso mit den beiden Schiffen zusammen segeln, da ist jede Menge Platz

vorhanden und ein paar zusätzlich Deckshände sind immer willkommen, überhaupt auf längeren Törns übers offene Meer."

Jetzt schaltete sich wieder Jan in das Gespräch ein und fragte:

„Das wäre doch eine Basis, wenn du uns noch einen Nachlass gibst, könnt ihr jederzeit bei uns mitsegeln. Aber bevor wir das endgültig besprechen, sollten wir morgen mal sehen, ob wir überhaupt segelerisch zusammenpassen."

„Gut, das machen wir so, dann zieht schon mal in die „Guest Cabin" im linken Rumpf ein und heute Abend lade ich euch alle zu einem Essen ein, wir kennen hier ein gutes Restaurant."

Doch Sina und Jan entschieden die Nacht noch auf der Relax von Werner zu verbringen und erst am nächsten Morgen umzuziehen, doch zum Essen gingen sie natürlich mit.

Die Kurzreise gestaltete sich sehr angenehm, das Ehepaar Jäger, in langen Seglerjahren erfahren im Umgang mit Mitseglern, sensibel gegenüber Fremden, zeigte keinerlei Dominanzeffekte, wie man es auf den meisten Eigner-Schiffen vorfindet. Ruth freundete sich gleich mit Sina an und zeigte ihr alle Dinge an Bord, insbesondere die Pantry und andere Sachen, für die Frauen sich so interessieren und meistens auch an Bord dafür zuständig sind. Man merkte den beiden jedoch ihre traurige Stimmung an, waren sie doch im Begriff einen langen Lebensabschnitt zu beenden, in welchem sie ihre Lebenserfüllung gefunden hatten. Eine schöne Zeit ging zu Ende und sie überlegten, ob sie sich auf das Angebot von Sina und Jan, gelegentlich als Gäste auf ihrem ehemals eigenen Schiff mitzusegeln, eingehen sollten, zumal der neue Eigner behindert war. Den Ausschlag gab dann die Überlegung, dass sie eigentlich das Segeln noch nicht ganz aufgeben wollten, denn sie hatten ja vor, gelegentlich mal ein Schiff zu chartern oder sich ein kleineres Schiff zuzulegen. Das musste natürlich auch gekauft, gepflegt und unterhalten werden. Da war es bestimmt besser, sich als Miteigner, an ihrem alten Schiff zu beteiligen. Als sie dann nachmittags vor Anker lagen, machte Bernd den Vorschlag mit einem Viertel als Miteigner an seinem Schiff beteiligt zu werden. Bei seinem

Tode sollte Jan dann seinen Anteil erben, dafür aber alle anfallenden Unterhalts-kosten übernehmen.

„Falls wir uns nicht vertragen, bekommst du für meinen Anteil das Vorkaufsrecht", schlug er vor.

„Dann müssen wir aber auch eine Abschreibung festlegen, damit eine Basis für den Restkaufwert vorhanden ist, ich denke mal 5 Prozent pro Jahr wären angemessen."

„Das ist okay, dann rufe ich mal meinen Anwalt an, damit er die Verträge aufsetzt, du kannst sie ja dann durch deinen Anwalt prüfen lassen", meinte Bernd.

„Das können wir uns sparen, ich habe Rechtswissenschaften, BWL und Mechatronik studiert", erklärte Jan.

Kurzerhand setzte sich Jan an seinen Laptop und stellte mit seinen Textbausteinen einen Vertrag zusammen. Bernd sah ihn sich an, machte noch ein paar Anmerkungen, dann war das Geschäft besiegelt und der Vertrag wurde unterschrieben.

„Jan", bemerkte Bernd, *„nachdem du nun Miteigentümer der >Oase< bist, muss ich dir etwas zeigen, ich weiß nicht, wie du darüber denkst, ich habe vor Jahren ein Geheimfach in den >Katamaran< einbauen lassen. In diesem Versteck liegt ein G-29-Heckler & Koch-Gewehr, mit Zielfernrohr und Munition, das habe ich damals angeschafft, als diese Piraten im Roten Meer die Gegend unsicher machten, um uns verteidigen zu können. Wir wollten in den Indischen Ozean, aber daraus wurde dann doch nichts. Hier in Europa braucht man sowas nicht. Ich war lange Jahre in einem Schützenverein und habe daher auch einen Waffenschein."*

„Kein Problem, ich kenne mich mit dem Ding aus. Wir hatten bei der Bundeswehr ein paar von diesen Waffen. Hab' auch schon daran gedacht eine Waffe anzuschaffen, man kann natürlich um Afrika herumsegeln, doch dann hat man das Problem, dass es an der Westküste kaum sichere Häfen gibt. Kommt man dann endlich an das Kap der guten Hoffnung, ist man auf dem Weg in den Indischen Ozean schon wieder im Piratengebiet."

„Der Weg ist das Ziel", erwiderte Bernd, „ich halte jedoch den Seeweg außen herum für sicherer, wenn man sich weit genug von der Küste freihält, können sie dich kaum überraschen. Die haben bestimmt im Suezkanal und im Roten Meer ihre Spione, die den Schiffsverkehr beobachten. Außerdem hast du dort kaum eine Fluchtmöglichkeit und unser 45-Fuß-Kat ist in der offenen See verdammt schnell, der macht gut 40 Knoten, da müssen die erst mal mithalten können."

„Wollt ihr wirklich mit der Erddrehung die Erde umrunden?" fragte Bernd.

„Ja, die meisten Segler umrunden den Globus auf der sogenannten Barfußroute, also links herum, gegen die Erddrehung, zuerst über den Atlantik, dann durch den Panamakanal, über den Pazifik nach Australien und kommen dann wieder über das Kap der Guten Hoffnung oder durch den Suezkanal zurück nach Europa. Ich möchte aber zuerst um Afrika herum nach Indien, dann nach Australien, Neuseeland und in die Südsee. Weiter über den Pazifik, dann an der südamerikanischen Küste entlang nach Norden, zurück durch den Panama-Kanal in die Karibik und dann an der Amerikanischen Küste nach Norden bis nach Kanada. Weiter über Island in die Nordsee, Norwegen, Schweden, dann aus der Ostsee über den Nord-Ostsee-Kanal nach England und zurück ins Mittelmeer."

„Dann werdet ihr ein paar Jahre unterwegs sein", wendete Bernd ein.

„Schon, doch wir haben vor, das Schiff immer wieder für einige Zeit zu verlassen und nachhause zu fliegen", erwiderte Jan.

Während dieser Gespräche kamen drei kräftige Männer die Hafenmole auf das Schiff zu und wollten ohne um Erlaubnis zu fragen, über den Laufsteg an Deck. Bernd Jäger vertrat ihnen den Weg, indem er sich schnell auf dem hinteren Deck positionierte und ihnen den Weg verstellte.

„Wissen sie denn nicht, dass sie nicht einfach so auf ein fremdes Schiff raufspazieren dürfen, da müssen fragen, ob sie an Bord kommen dürfen."

32

„Das ist unser Schiff, das haben wir übernommen, verschwinden sie schnellstens, sonst rufen wir die Polizei."

Bernd reagierte blitzschnell, indem er einen Hebel der an der Gangway angebracht war zog, so dass der Steg anfing beachtlich zu schwanken und auf die Pier krachte.

Der hintere Typ konnte gerade noch an Land springen und der vordere versuchte die Balance zu halten.

„Los, runter, sonst werfe ich sie ins Wasser. Verschwindet, sonst rufe ich wirklich die Polizei."

Bernd hatte schon seinen Enterhaken, der vorn eine gefährliche Spitze hatte, gegen die Typen gerichtet. Der Mann auf dem Steg merkte, dass er keine Chance hatte und bewegte sich ebenfalls rückwärts. Zu Jan und den Frauen sagte Bernd:

„Gangway einziehen, Motor starten und Leinen los."

Die Mannschaft reagierte augenblicklich, Bernd sprang ans Ruder und manövrierte den Kat in Richtung Hafenausfahrt.

„Erst mal weg, dann sehen wir weiter, ich traue weltweit niemanden und auch hier, in den postkommunistischen Gewässern, ist man nicht sicher, dass man sein Eigentum behält."

„Was können die wollen", fragte Jan.

„Ich vermute mal, das ist ein Einschüchterungsversuch des Maklers, der will hier noch was für sich herausschinden."

„Das kann doch wohl nicht wahr sein, das sind ja mafiöse Zustände. Nichts wie weg hier."

Ohne noch ein weiteres Wort zu verschwenden, legten sie ab und zwar in Richtung Kerneuropa, erst mal raus aus der Adria Richtung Sizilien. Werner und Sibylle hatten den Vorgang beobachtet, eine Menge Fotos von den Ereignissen gemacht und warfen nun ebenfalls die Leinen los. Sie wollten einfach weg aus dieser verlogenen Welt, wo jeder gegen jeden kämpft, lügt und betrügt, dass sich die Balken biegen. Wo es keine Gemeinschaft, keine ehrliche Mitmenschlichkeit mehr gibt. Sie wollten nicht mehr weiterleben in einem Lebenskreis, wo sich alles nur ums Geld dreht und der einzelne Mensch nichts mehr zählt. Man musste sich entscheiden, entweder zu neuen Ufern aufbrechen oder mit den Unzulänglichkeiten der alten Welt weiterleben, dazu gehörte Mut und den hatten sie schon bewiesen, als sie ihre gewohnte Welt in Richtung Abenteuer verließen. Nun hatten sie durch Zufall Gleichgesinnte gefunden, die den Entschluss endgültig auszusteigen erleichterten.

Genieße die Sonne die dir lacht,
als wäre sie nur für dich gemacht.

Rei©Men

Kapitel 2 Schiffbrüchige

Als sie im Mittelmeer waren, und Sizilien an Steuerbord querab hatten, passierte es. In einiger Entfernung tauchten sie auf: Schiffbrüchige Flüchtlinge in einem überladenen Boot, das im Sinken begriffen war. Sie sahen die beiden Schiffe auf sich zukommen, sprangen über Bord und schwammen mit ihren billigen, einfachen Schwimmwesten auf sie zu. Als die anderen dies bemerkten, wollten plötzlich alle zu den beiden Katamaranen rüber schwimmen, eine Katastrophe bahnte sich an. Jan dachte schnell nach, was zu tun war und löste erst einmal den MOB (Man Over Bord) Notruf aus. Er war sich auch sofort darüber im Klaren, dass sie niemand aufnehmen konnten. Die Kapazitäten auf ihren beiden Schiffen reichten höchstens zur Aufnahme von 100 Personen, aber auch das nur bei ruhigem Wetter. Zusätzlich mussten sie dann noch alle Beiboote und die vier Rettungsinseln einsetzen. Aber, in dem sinkenden Schlauchboot befanden sich mindestens 200 Flüchtlinge. Fuhr man näher heran, würden sie mit Sicherheit auch die beiden Katamarane zum Sinken bringen. Wenn man ihnen nur die Beiboote und die Rettungsinseln zur Verfügung stellte, würden sie in Panik geraten und auch die versenken. Es gab daher nur einen Weg, ein geordnetes Abbergen der „Schiffbrüchigen" zu organisieren, indem man verhinderte, dass alle gleichzeitig das sinkende Schlauchboot verließen. Dabei war zu beachten, dass mindestens die Hälfte der Flüchtlinge auf ihrem kaputten Schlauchboot verblieben.

Werner war mit seinem Katamaran nahe an die „Oase der Lebensfreude" herangefahren, so dass sie sich direkt verständigen konnten. Bald wurden sie sich einig, dass Werner die Rettungsarbeiten koordinieren sollte und Jan wollte mit den Seenotrettern über Funk den Kontakt halten. Schnell stellte sich heraus, dass vor Einbruch der Dunkelheit keine weiteren Schiffe vor Ort sein konnten. Inzwischen waren mehr als 40 junge Männer, sehr nahe an die Kat's herangeschwommen, in kürzester Zeit würden sie die Schiffe entern und zum Sinken bringen. Das totale Chaos würde ausbrechen, deshalb meinte Werner:

„Wir fahren langsam weiter weg von ihnen, so dass sie denken müssen, dass wir abhauen wollen und ihnen nicht helfen werden. Dann schwimmen sie zu ihrem Schlauchboot zurück. Danach fahren wir wieder heran und nehmen erst mal einen nach dem anderen über die Badeleiter auf, bis die halbe Kapazität auf den Kat's ausgelastet ist, denn für die Frauen und Kinder brauchen wir auch noch Platz."

„Du, die Badeleiter lassen wir besser oben, dann können wir den Zugang besser steuern", meinte Bernd.

„Und dann?", fragte Jan.

„Dann setzen wir ein Stückchen Tuch und fahren schneller, als sie schwimmen können, etwas weiter weg und werfen die Rettungsinseln hinten raus, immer eine nach der anderen und wenn eine voll ist ziehen wir sie hinterher, dann die nächste."

„Und was machen wir mit den restlichen 100 Leuten?"

„Muss ich mir noch überlegen", sagte Werner.

„Ich schlage vor", sagte Jan, *„erst einmal fahren wir im großen Bogen von hinten zu dem Schlauchboot zurück, dann werden die anderen aufhören uns entgegen zu schwimmen."*

„Gute Idee, so machen wir das", erwiderte Werner.

Werner, Bernd und Jan nahmen die jungen Männer über die Stufen zum Brückendeck auf, während die Frauen die Ankömmlinge einwiesen, wo sie sich hinsetzen sollten. Der leichte Wind trieb die Schiffe vor sich her und obwohl sie kaum noch segelten, waren sie schneller, als die Schwimmer.

Hinter den Schwimmern blieb eine junge Frau zurück, für sie waren die Schiffe schon unerreichbar geworden. Sie schrie immer wieder und hielt eine Hand hoch, in der sie offensichtlich ein Bündel hielt. Bernd holte sein Fernglas und erkannte, dass es sich offensichtlich um ein Baby handelte. Er sprang schnell ans Ruder, holte das Groß dicht und steuerte den Kat im Bogen auf die Frau zu. Jan übernahm schnell das Bündel mit dem Kind, das merkwürdigerweise nicht schrie und gab es an Ruth weiter. Dann versuchte er die schwere Frau an Deck zu ziehen, was ihm aber nicht gelang, weil die Badeleiter nicht

36

ausgeklappt war. Das war mit Absicht nicht geschehen, damit die Schwimmer nicht unkontrolliert das Schiff entern konnten. Um die Frau trotzdem hoch zu bekommen, griff er nochmal kräftig zu. Plötzlich knackte es in seinem Rücken. Ein starkes Ziehen ging durch seinen Körper, aber er schaffte es zu seiner eigenen Verwunderung, sich wieder auf das Brückendeck hochzuschwingen. Bernd hatte die zweite Leiter runter-geklappt, was die Frau veranlasste über diese Steighilfe an Bord zu kommen. Ruth hatte das anscheinend leblose Kind im Arm und versuchte es wiederzubeleben, indem sie es auswickelte und ihm eine Klapps auf den Po gab. Werner, der die Szene beobachtet hatte, ging an der >Oase < längsseits und sprang mit dem Stethoskop in der Hand rüber. Doch in diesem Moment begann das Kind zu schreien und Ruth übergab es wieder der Mutter. Werner horchte die Herztöne und den Brustraum ab und gab Entwarnung. Das Kind hatte nicht einmal Wasser geschluckt, obwohl es mehrmals unter Wasser geraten war. Da das Kind vermutlich erst ein, zwei Wochen alt war, hatte es den sogenannten Tauchreflex noch nicht verloren, der ja von Natur aus verhindert, dass Babys Wasser einatmen.

In der ganzen Aufregung dachte niemand an Jan, der auf dem Deck lag und seine Glieder untersuchte. Er fühlte überall an sich herum und schüttelte den Kopf.

„Was hast du denn?" fragte Sina.

„Ich weiß nicht, es hat einem Knacks gegeben, ich muss mal versuchen aufzustehen."

Vorsichtig stemmte er sich über die Sitzduchten hoch.

„Hast du Schmerzen?", fragte Werner.

„Nein, ich habe ein ganz neues Gefühl in meinen Beinen."

Dann stand er vorsichtig auf und machte einen Schritt, einen zweiten und dritten, dann ging ein Lächeln über sein Gesicht, als er mehr zu sich selber sagte:

„Ich kann wieder laufen, laufen, laufen", wobei er ohne Unterstützung einen Schritt vor den anderen setzte. Doch dann holte ihn die Realität ein und er sagte zu den anderen, die ihm sprachlos

zugeschaut hatten und nun bei jedem Schritt auch noch Beifall spendeten: „Los Leute, wir haben noch viel Arbeit vor uns, feiern können wir später."

Nach einer Stunde waren zirka 100 junge Männer und ein paar Frauen gesichert, die drei Frauen gaben ihnen zu trinken, denn die meisten waren stark dehydriert. Doch sie mussten das gefilterte Wasser aus den Wassertanks trinken, denn für so viele Menschen war nicht genug Mineralwasser an Bord. Auf dem Schlauchboot hatte sich die Lage etwas entspannt, jedenfalls lag es nicht noch tiefer im Wasser. Anscheinend waren auch die etwas Vernünftigeren an Bord geblieben, weil sie nun annehmen konnten, auch bald gerettet zu werden. Man sah nun, dass noch etwa 10 Frauen mit mehreren Kindern und noch ein paar ältere Männer an Bord waren.
„Wollen wir es riskieren, an beiden Seiten längsseits zu gehen?", frage Jan."
„Ja, wir versuchen es mal, aber Vorsicht, wenn sie versuchen zu den Kats aufzuentern, entfernen wir uns wieder. Was ist mit den Rettungsschiffen?"
„Die werden gegen Mitternacht hier sein."

Vorsichtig tasteten sie sich von beiden Seiten mit ihren beiden Kats's heran, Werner rief über seinen Bordlautsprecher die Flüchtlinge auf, in dem Schlauchboot zu bleiben und erklärte ihnen die Lage. Rettungsschiffe seien unterwegs und man müsse jetzt warten, bis sie eintreffen. Er hatte ein selbst verschweißendes Tape für Schlauchboote aus seinen Reparatursets hervorgeholt und stand bereit zum Sprung hinüber. Doch sobald sie sich dem Gummifloß weiter näherten, versuchten die Flüchtlinge sich an der Reling festzuhalten und daran hoch zu ziehen. Sibylle, die am Steuerstand war, zog dann jedes Mal den Kat wieder vom Schlauchboot weg. Werner war es inzwischen gelungen das kaputte Schlauchboot zu entern. Durch die Entfernung von ungefähr der Hälfte der Flüchtlinge, war das Schlauchboot natürlich entlastet worden und schwamm nun wieder höher im

38

Wasser. Werner dachte daran die Frauen mit Kindern und die Familien, auf die Kat's zu bringen, doch dazu musste man erst mal Ordnung in das Chaos bringen. Deshalb stellte er sehr laut eine Frage: wer englisch sprechen würde, einige meldeten sich und so bat er sie, ihm zuzuhören und wenn möglich seine Informationen in die Sprachen zu übersetzen, die sie verstanden.

„Ich möchte sie bitten die Ruhe zu bewahren, die internationalen Retter werden um Mitternacht hier sein. Das Wetter wird sich verschlechtern, es wird kalt und die Kinder könnten das nicht überstehen."

Dann machte er eine Pause und wartete, bis es alle verstanden hatten und nickten.

„Wir werden die Frauen mit den Kindern auf die beiden Schiffe bringen und wenn nötig, ein paar Männer wieder zurück auf das Schlauchboot. Ich werde jetzt versuchen, die Schäden an Ihrem Boot zu reparieren und bitte Sie mir dabei zu helfen."

Er dachte sich, man muss die Leute einbinden um ihnen ein gewisses Vertrauen in die Maßnahmen zu vermitteln. Die erste Untersuchung ergab, dass offensichtlich einige Luftkammern zerstochen worden waren. Die Leute, welche dieses Verbrechen begangen hatten, waren natürlich nicht mehr an Bord. Zunächst trocknete Werner die kaputten Stellen mit einem Lappen, dann klebte er die Schlitze zu. Mit der elektrischen Luftpumpe für die Dinghis pumpte er die Kammern wieder auf. Inzwischen hatten ein paar Männer angefangen bei den Reparaturarbeiten zu helfen. Werner forderte die Frauen mit den Kindern auf, in sein Dinghi umzusteigen und brachte sie nach und nach zum Kat von Sina und Jan, der noch etwas abseits lag. Auf dem Rückweg transportierte er ein paar Männer wieder zum Schlauchboot zurück. Nach drei, vier Fahrten war das Problem gelöst.

„Was meinst du Jan, können wir es jetzt riskieren, das Schlauchboot in die Mitte zwischen die Kats zu legen?"

„Ja, im Moment ist die See noch ruhig, das könnte klappen."

„Also versuchen wir es, du fängst an."

Die drei Bord-Frauen versuchten nun die Flüchtlinge mit Getränken und mit Essen zu versorgen mit allem, was die Pantrys hergaben. Die Frauen und Kinder hatten sie in ihren eigenen und in den Gäste-Schlafkabinen untergebracht. Viele hatten Blessuren davongetragen und Werner pflasterte und verarzte alle soweit wie möglich. Als Jan dann endlich längsseits lag, holte er eine große Tauchpumpe aus der Segellast und fing an, das Schlauchboot leer zu pumpen.

Den zweiten Kat hielten sie zunächst noch weiterhin in einiger Entfernung, damit sie notfalls besser manövrieren konnten.

Jan hatte sich inzwischen die Wetterkarte angesehen, sie verhieß nichts Gutes und er machte sich Gedanken, was man noch tun konnte, denn einen mittleren Sturm mit Windstärke 7 bis 8, würde ihr Arrangement mit den Flüchtlingen nicht überleben. Jan hatte etwas Zeit gefunden ihre Position in die Seekarte einzuzeichnen. Die Fahrt der Flüchtlinge sollte wohl ursprünglich nach Lampedusa gehen, aber der seit Tagen andauernde Starkwind, hatte sie an der Insel vorbei nach Nord-Nord-Ost abgetrieben. Vermutlich hatten die Schlepper deshalb versucht, dass Schlauchboot zum Sinken zu bringen und sich abgesetzt. Sie befanden sich nun südlich von Sizilien, etwa 50 Seemeilen von der Küste entfernt, auf Position, N 36.591053, L 14.238752.

Der Wind drehte auf West und frischte wieder auf, Jan gab die genaue Position an die Seenotretter durch, das Problem war nur, dass diese auch nicht 200 Menschen übernehmen konnten. Ein weiteres Schiff der internationalen Flotte stand in der Nähe von Malta und würde noch Stunden benötigen, bis es mithelfen konnte. So blieb nur, zu versuchen die italienische Küste zu erreichen, mindestens darauf zuzulaufen, besser gesagt zu schieben, denn der Außenborder des Schlauchbootes, ließ sich nicht überreden wieder anzuspringen. Werner nahm sich deshalb diese Sache vor und fand heraus, dass der Tank leer war. Das bedeutete, dass die Rettungsfahrt ohne die Unterstützung dieses Motors, mindestens 10 bis 12 Stunden bis unter die Küste dauern würde und die paar Liter Benzin, die sie für ihre Dingis

40

dabeihatten, halfen da auch nicht weiter. Die Schlepper hatten nicht einmal genügend Treibstoff für Notfälle mitgenommen. Nach zwei Stunden tauchte ein Seenothubschrauber auf, der 20 Personen abbergen konnte. Der Wind nahm zu und die Piloten machten den Rettern keine Hoffnung, dass sie noch mal zurückkommen würden. Werner und Jan hatten inzwischen ihre Position vor dem Schlauchboot eingenommen und zogen es mit ihren vier Motoren Richtung Küste, und damit in die Nähe des SAR- Rettungskreuzer, (Search and Rescue - Suchen und Retten) der ihnen entgegenkam. Nach weiteren Stunden war der SAR vor Ort und koordinierte die Rettungsaktion. Weitere 50 Flüchtlinge wurden von ihm übernommen, Jan und Werner konnten endlich ihre Rettungsinseln wieder zusammenfalten, doch sie hatten immer noch zirka 130 Flüchtlinge zu versorgen. Es war etwas Ruhe eingekehrt, auch die Flüchtlinge hatten sich wieder beruhigt, weil sie merkten, dass die Rettungsarbeiten vorangingen. Jan und Werner waren wieder auf ihren Schiffen und schafften hier etwas Ordnung, soweit das möglich war, denn bei dem Andrang auf den vier Bordtoiletten, mussten sie Schwerstarbeit leisten. Der SAR hatte genügend Lebensmittel mitgebracht und nun wurden endlich auch alle satt. Es war alles so schnell gegangen, dass nicht einmal Zeit blieb, persönliche Gegenstände diebstahlsicher zu verstauen. Doch schon auf den ersten Blick sah man, dass sich niemand daran vergriffen hatte. Der Wind frischte weiter auf, inzwischen meldete der Windgeber Windgeschwindigkeiten von 14 m/s, das entspricht der Windstärke 7 der Beaufortskala. Der Kapitän des Rettungskreuzers bat Jan und Werner noch auf jedem Schiff weitere 15 Flüchtlinge von den 30, die noch im Schlauchboot saßen aufzunehmen. Doch das mussten sie als verantwortliche Schiffsführer angesichts der Wetterprognose ablehnen. Durch den hohen Wellengang war auch ein ansteuern der Küsten unmöglich geworden. Wind und Wellen trieben die Schiffe nach Osten. Doch dann tauchte endlich ein zweiter SAR auf, der die restlichen Menschen von ihrem Gummifloß herunterholte und noch 20 Personen von den beiden Kats übernahm. Jan und Werner beratschlagten inzwischen über Funk, ob sie das große Schlauchboot aufgeben sollten, schließlich war es, weil es keinen Besitzer mehr gab, durch die

41

Bergung in ihren Besitz gekommen. Sie entschieden sich, es zunächst zu behalten, man konnte nicht vorhersehen, ob man es noch brauchen würde.

Weil es nun leichter war als die Kats, trieb es im Heck umher und sie befürchteten, dass sie es von der Leine lassen mussten, wenn es durch weitere Beschädigungen abzusaufen drohte. Sie schlugen deshalb an den Bugösen eine zweite starke Leine an, führten sie zum Bug von Werners Schiff und schoben es dann am Kat vorbei. Das Gummifloß zog nun durch den Wind getrieben nach vorn, dann straffte sich die Leine und es zog sozusagen den Kat von Werner vor sich her. Jan, der die Funkverbindung hielt, erfuhr, dass ein SAR-Rettungskreuzer inzwischen seine Geretteten an der Küste abgesetzt hatte, und schon auf dem Weg zurück zu ihnen war, er würde aber erst in den Morgenstunden ankommen. Inzwischen legte der Wind weiter zu, der SAR, der noch bei ihnen geblieben war, fragte an, ob er ebenfalls zur Küste abdrehen könne. Jan und Werner bejahten, was sollten sie sonst machen, denn im Moment war die Lage einigermaßen unter Kontrolle. Wenn der Wind so weiter blies, würden sie beim Kap Passero an der Südspitze von Sizilien vorbei treiben. Doch der Wind drehte wieder auf Südwest zurück, so bestand die Aussicht unter Motor in die Straße von Messina einzufahren, wo man dann in den Windschatten der Insel kommen würde. Inzwischen war ein dritter SAR eingetroffen und konnte weitere 50 Flüchtlinge übernehmen. Weil das Umsteigen für die Gruppe der Familien mit den Kindern auf die SARs, wegen des Seegangs zu gefährlich gewesen wäre, ließ man sie an Bord der Kats. Nach weiteren 10 Stunden war es dann soweit, sie sahen den Hafen von Portapalo vor sich. Die Behörden waren benachrichtigt worden, konnten sie dort abfangen und in den Hafen einschleppen. Nachdem die letzten Notpassagiere die Schiffe verlassen hatten, machten die Frauen erst mal unter Deck „Klarschiff". Jan und Werner zogen mit ein paar Helfern das große Schlauchboot an Land und bevor sie sich in ihre Kojen zurückzogen, um sich mal richtig

42

auszuschlafen, gingen sie alle in die nächste Hafenkneipe zum Essen. Hier konnten sie in aller Ruhe überlegen, wie es für sie weitergehen sollte.

Sie hatten sehr viel Glück gehabt, denn das Ganze hätte auch schlimm enden können. Beim Essen sprachen sie darüber, was passiert wäre, wenn sie gezwungen gewesen wären, die Flüchtlinge ihrem Schicksal zu überlassen. Ohne die Seenotretter hätte das leicht passieren können, man hätte nicht alle retten können. Ein Trauma, das sie wohl noch einige Zeit verfolgen würde. Durch dieses einschneidende Erlebnis reifte in ihnen die Erkenntnis, dass sie ihre bisherigen Vorstellungen vom Glück, abseits der Umbrüche, die diese Welt erschütterten, überprüfen wollten. Sina hatte inzwischen im Internet recherchiert, ob jemand an einem so großen Schlauchboot mit Motor Interesse hatte. Kurz darauf meldete sie eine Firma, die so etwas suchte, um mit Touristen Ausflüge in Ufer-Höhlen zu unternehmen. Die Verhandlungen dauerten nicht lange. In Anbetracht dessen, dass das Boot auf hoher See von ihnen aufgebracht worden war, musste die Hafenbehörde noch ein Zertifikat ausstellen, das den neuen Besitzer auswies. Der Preis von 5000 Euro, den Jan angesetzt hatte, war allerdings nicht verhandelbar, er entsprach in etwa der Summe, die beide Schiffe an Ärger und Unkosten gehabt hatten und wurde von den Käufern auch akzeptiert.

Um Ruth und Bernd Jäger, hatte sich in dem ganzen Trubel niemand gekümmert. Beim abendlichen Gespräch erklärten sie nun, dass sie das Schiff gern verlassen möchten. Ruth meinte, dass eine breite Vertrauensbasis geschaffen worden sei, auf der man bei künftigen Fahrten aufbauen könne. Sie lobte die Hilfsbereitschaft der beiden Mannschaften, doch man würde gern wieder in etwas ruhigeren Gewässern zusteigen, z. B. in Argentinien oder in der Karibik, die sie noch nicht kannten. Am anderen Morgen bat Ruth dann Jan überraschend um ein Gespräch unter vier Augen. Jan war gespannt, was sie ihm mitzuteilen hatte, denn er konnte sich einfach nicht erklären,

43

warum sie ausgerechnet ihn zu einem Gespräch gebeten hatte. Er machte sich deshalb so seine Gedanken und suchte nach einer Erklärung, doch Ruth war nicht die Frau, die irgendwelche Flausen im Kopf hatte, also musste es sich um etwas sehr Wichtiges handeln.

Das Geheimnis

Liebe, Vertrauen und Zuwendung,
Pfeiler jeder menschlichen Beziehung,
und was sehr selten ist auf Erden,
sollte gut von uns behandelt werden.

Das Geheimnis der Beziehungspflege,
sind gleiche, geheime Gedankenströme,
Zeit sollte man sich einander schenken,
in die Welt des Anderen versenken.

Gemeinsamkeiten sind so wichtig,
ohne sie wird jede Beziehung brüchig,
doch das allerwichtigste Begehren,
ehrlich über alles miteinander reden.

Rei©Men

Kapitel 3 Ruth und Bernd

Jan sagte Sina kurz Bescheid und dann sah man die beiden am Strand entlang davongehen. Jan lief noch ein wenig wackelig, doch mit jedem Schritt wurde es besser. Zunächst sagte Ruth nur, dass sie mit ihm über die Abwicklung der Bezahlung reden müsse, doch da steckte mehr dahinter, das spürte Jan. Er ließ sich auf dieses Gespräch mit ihr gern ein, denn er war neugierig geworden, was sie ihm mitzuteilen hatte, denn da war doch noch mehr, was ihr auf dem Herzen lag. Ruth war trotz ihres Alters immer noch eine sehr attraktive, schöne Frau, das bezog sich nicht nur auf ihr Äußeres, sie hatte eine Ausstrahlung, wie sie nur wenige Menschen besitzen. Jan war von ihr gleich bezaubert gewesen, doch man konnte ihr nicht vorwerfen, dass sie diese Gabe der Natur ausnutzte, um sich Vorteile zu verschaffen. Das braune Haar hatte sie zu einem etwas altmodischen Knoten gebunden, bei den sommerlichen Temperaturen, trug sie nur ein Shirt und kurze Hosen. Was ihre Figur jedoch besonders betonte, war ihr flüssiger weicher Gang. Man musste als Mann schon ziemlich deppert sein, wenn man bei dem Anblick des eleganten Schwunges ihrer Hüften, keine sexuellen Gefühle bekam. Doch nun, da sie mit den Schuhen in der Hand im weichen Sand dahinschritt und ihn kurz an der Hand nahm, seine Finger gefühlvoll knetete, sie dann mit gleitendem Festhalten aus der Berührung wieder entließ, kam ihm unwillkürlich der Gedanke, dass es mehr war, was sie für ihn empfand, als nur Segelkameradschaft, immerhin hätte er ja altersmäßig auch ihr Sohn sein können, sodass in ihr eher mütterliche Gefühle aufkamen. Erst jetzt, nachdem sie auf diese ungewöhnliche Art noch näheren Kontakt mit ihm aufgenommen hatte, begann sie zu erzählen.

Sie hatte von ihren Eltern eine Bauernwirtschaft in der Nähe von Leipzig geerbt, die in der DDR-Zeit von einer LPG (Landwirtschaftliche Produktionsgenossenschaften der DDR) bewirtschaftet wurde. Nach der Wende verkaufte sie die 200 Hektar Ackerland an eine Agrarinitiative, die viele Ackerflächen und Wiesen aus dem Fundus der aufgelösten LPG's erwarb. Sie war nun eine reiche Frau. Das erhaltene Geld hatten sie auf Anraten ihrer Bank in der Schweiz angelegt. Mit einem Teil des Geldes hatten sie den Katamaran und ihre schönen Reisen finanziert.

„Ruth, warum erzählst du mir das alles?", fragte Jan.

„Weil wir aus der ehemaligen DDR kommen und eine sozialistische Vergangenheit haben. Ich sage dir lieber gleich wie das so war, bevor du es von anderen erfährst. Werner war bei der Stasi ein ‚hohes Tier', wir waren von Anfang an dabei und wollten die sozialistische Zukunft Deutschlands aktiv aufbauen helfen, aber leider kam es anders als wir uns das gedacht hatten. Als wir dann nach und nach merkten, auf was wir uns da eingelassen hatten, war es schon zu spät um auszusteigen."

„Ja aber, was hat denn das alles mit unserem Deal zu tun?", fragte Jan.

„In gewisser Weise schon, weil ich den Verkaufserlös wieder auf meinem Schweizer Konto haben möchte. Wir haben außer unserer Haushaltskasse, eigene Vermögen. Das hat mit der Verfolgung von Bernd und mit der Staatsanwaltschaft zu tun, die immer noch gegen ihn ermittelt. Sein Großvater wurde schon in der Kaiserzeit als Sozi verfolgt, sein Vater von Hitler und der Sohn, mein Bernd, wurde als SPD-Mitglied bei der Zwangsvereinigung von SPD und KPD in die SED überführt und ist dadurch nur knapp den Verfolgungen in der Stalinära entgangen, dann hat er in der DDR-Karriere gemacht. Nun wird er schon wieder von den Bundesdeutschen Behörden als IM-Stasimitarbeiter beschuldigt und soll in der Wendezeit 1989 - 90 SED Parteigelder veruntreut haben."

„Läuft da noch ein Verfahren?", fragte Jan.

„Offiziell nicht mehr, aber wir wissen, dass man uns beobachtet und müssen vorsichtig sein. Ich sehe nicht ein, dass ich mein Vermögen, also eigentlich das Erbe meiner Vorfahren, ständig verstecken muss, damit es der Familie erhalten bleibt. Das geht soweit, dass wir die Zinsen aus dem Vermögen ohne Angaben ihrer Herkunft versteuern. Bis jetzt hat noch niemand nachgefragt und wir hoffen, dass das so bleibt."

„Habt ihr denn Kinder?", fragte Jan.

„Ja, einen Sohn und eine Tochter sowie mehrere Enkelkinder."

46

„Wie schön, das ist doch dann überhaupt kein Problem, ich habe einen Teil meines Geldes auch in der Schweiz und versteuere die Zinsen in der BRD. Gib mir einfach deine Konto IBAN, dann überweise ich dir den Betrag."

„Danke für dein Verständnis, wir möchten euch als Partner nicht verlieren, deshalb sollt ihr alles über uns wissen, natürlich möchte ich dich um absolute Vertraulichkeit bitten."

„Das ist doch unter Segelkameraden selbstverständlich, es ist wie mit der Seemannschaft, wenn man sich darauf nicht mehr verlassen kann, geht das Schiff unter."

„Ja, du siehst das richtig. Bernd hat in den letzten Jahren seine Aufzeichnungen ergänzt, er will sie irgendwann veröffentlichen, weiß aber nicht so recht, wie er es anstellen soll."

„Pass mal auf, das wäre doch eine Story für Sina. Ihre Familie kommt auch aus dem Osten, sie stammt von einem Adelsgeschlecht in Ostpreußen ab, die Familie kam, wie so viele, gegen Kriegsende nach Süddeutschland. Jetzt arbeitet sie für den Burda Verlag als Lektorin. Soll ich sie mal fragen, ob sie sich der Sache annehmen würde?"

„Bitte noch nicht, ich möchte erst mit Bernd darüber sprechen."

„Gut, dann redet ihr selber mit ihr über diese Angelegenheit." Danach sprachen sie auf dem Rückweg noch über das Eine oder Andere und Jan kam aus dem Staunen nicht heraus. Schon allein die Familiengeschichte von Ruth war bemerkenswert. Doch die von Bernd reihte sich nahtlos ein, in eine typische Story über die Lebensumstände der Unterschicht und ihren Kampf für ein besseres Leben, das ihnen die Oberschicht verweigerte. Und im Prinzip hat sich daran bis heute nichts geändert. Einen kleinen Unterschied konnte man doch erkennen. Während Bernds Familie im vorigen Jahrhundert noch ums Überleben kämpfte und sich weder Kaiser noch Könige, Reiche oder die jeweiligen Regierungen darum kümmerten, wie es denen dort unten erging, ist diese unmoralische Denkweise aus den Köpfen der meisten Politiker weitgehendst verschwunden, aber am Willen daran etwas zu ändern, hapert es gewaltig. Wenn sie weiterhin das soziale Element und die Wohlfahrt der Menschen ignorieren, werden sie von der Masse der Bevölkerung nicht mehr gewählt werden. Die Anfänge dieser Entwicklung sind inzwischen schon deutlich sichtbar, es bilden sich neue Parteigruppierungen, die das Establishment aufmischen. In diesem Punkt waren sie nach dem langen Gespräch gleicher Meinung.

Als sie an Bord zurückkamen, erwarteten sie Sina und Bernd schon und waren natürlich neugierig, wie das Gespräch ausgegangen war. Jan war jedoch etwas einsilbig, machte sich so seine Gedanken über das, was er erfahren hatte. Doch er musste diese Neuigkeiten erst noch überdenken und verarbeiten und sagte deshalb nur:

„Sina, ich erzähle dir das, wenn wir heute Abend etwas mehr Zeit füreinander haben, es ist eine lange, traurige Geschichte."

Danach unternahmen sie dann noch einen Abendspaziergang erzählte er: Der Großvater von Bernd war im Ersten Weltkrieg als Soldat eingezogen worden. Schon sein Vater hatte in den Gründerjahren als Maurer die berüchtigten Arbeiterviertel in Berlin, am Prenzlauer Berg, in Spandau, Kreuzberg und in anderen Stadtteilen mit hochgezogen. Sein Sohn wurde natürlich auch Maurer und so kam es, dass Bernd sein Enkel nach dem Zweiten Weltkrieg, aus dem auch sein Vater aus Russland nicht zurückgekommen war, ebenfalls einen Handwerksberuf ergriff. Seine Mutter riet ihm aber, nicht Maurer zu werden und brachte ihn bei Siemens unter. Eine typische Arbeiterfamilie, alle männlichen Familienmitglieder waren nacheinander und seit der Gründung der SPD im Kampf für bessere Lebensbedingungen der Arbeiterklasse dabei gewesen. So war es fast vorprogrammiert, dass Sohn Bernd nach dem Krieg begeistert in die FDJ (Freie Deutsche Jugend der DDR) eintrat. Dort lernte er die Bauerntochter Ruth kennen und lieben. Diese Neugründung der FDJ ging zurück auf die Vorläufer-Organisation der FDJ, mit dem Gründungsjahr 1936 im Exil in Paris, die sich dem antifaschistischen Kampf auf ihre Fahnen geschrieben hatte.

48

Ruth und Bernd hatten zwar nicht denselben „Stallgeruch", waren jedoch durch die Kriegsereignisse für einen Neubeginn sensibilisiert. Sie wollten unter demokratischen Verhältnissen leben und engagierten sich in der Ostzone, beim Aufbau dieser Jugendorganisation, die ja ein besseres, geläutertes Deutschland versprach. Weil sie von Anfang an dabei waren, machten beide sehr schnell Kariere. Bernd hatte es mit seiner Mutter in die Nähe von Leipzig verschlagen. Hier auf dem Land in Machern, lag der Bauernhof von Ruths Eltern. Sie war damals 13 und Bernd 14 Jahre alt, als sie in der Schule in die gleiche Klasse gingen. Bernd, ein etwas introvertierter, blonder Junge, sehr intelligent, aber etwas lernfaul, hatte es in der Klasse schwer mitzukommen. Das lag aber teilweise auch an seinen Lehrern, die wie in damaligen Zeiten üblich, lieber die Bestschüler förderten und lobten, statt sich um die Hilfsbedürftigen zu kümmern. Man dachte in anderen Kategorien als heutzutage, der Unterricht war streng organisiert und wer nicht mitkam, wurde in die hinteren Sitzreihen versetzt. Dort ließ man solche Schüler geistig verhungern, sie waren abgetan, wurden für dumm gehalten, weil man ihnen keine Gelegenheit gab, ihr Können, ihre Talente und Neigungen zu leben und ihre Fähigkeiten zu entwickeln und zu zeigen. Dabei war Bernd ein Multitalent, sportlich immer der Erste, sang im Schulchor mit und war in der Lage ein ganzes Schulfest am Tag des Kindes am 1. Juni zu organisieren. Das stellte er unter Beweis, als er für seine Schule die Gaststätte seiner Onkels, mit der dafür notwendigen Gartenanlage, mit Kletterstange, Kegelbahn und Vogelschießen anregte und einen Beitrag seiner Klasse gestaltete. Ruth sang neben ihm im Chor und verliebte sich zuerst in seine schöne Stimme. Freunde wurden sie kurze Zeit später, als er sie auf dem Heimweg gegen eine Meute von angeberischen Mitschülern verteidigte, denn Bernd war durchaus in der Lage, es mit Rivalen, selbst aus den höheren Klassen jederzeit aufnehmen zu können. Aber erst viel später, als sie in einem Ruderclub wieder aufeinandertrafen, verliebte sie sich in den ruhigen, scheuen Jungen. Die Lehrer, meistens Kriegsheimkehrer, motivierten und begeisterten sie vom sozialistischen Neuaufbau in der Ostzone. Als bei einer

49

Versammlung in der Aula ihrer Schule ein paar FDJler für den Eintritt und die Mitarbeit in dieser Jugendorganisation warben, wurde auch Ruth spontan Mitglied der FDJ. Damit war ihr weiterer Lebensweg als Vorzeigesozialisten festgeschrieben. Es folgten das Studium, die Ausbildung in der SED-Kaderschmiede, die Partei-Kariere und der soziale Aufstieg, der Normalsterblichen nicht zuteilwurde. Doch gerade dieser Aufstieg, der mit vielen Privilegien verbunden war, machte sie nachdenklich, denn wenn man genau hinschaute, ging es der Arbeiterklasse im sozialistischen DDR Deutschland nicht viel besser, als im kapitalistischen Ausland und diese Schere ging in den ersten Nachkriegsjahren immer weiter auf.

Erst jetzt am Ende meines Lebens lese ich den Roman: „Der Idiot".
Ach, ich hätte ihn vor 60zig Jahren lesen sollen, vieles wäre mir erspart geblieben. Doch mein Lebensweg ist auch ohne Dostojewski anständig, ehrlich und geradlinig verlaufen. Ich fühle mich heute allen Idioten dieser Welt aufs engste verwandt und verbunden.
Das Leben ist ein einziges Ballastabwerfen,
tust du es nicht, wird er dich irgendwann nerven.

Rei©Men

Kapitel 4 Das Umdenken 1948 - 1989

Ruth und Bernd waren FDJ-Mitglieder der ersten Stunde und hatten die FDJ im Raum Leipzig, sowie die Jungendorganisation >Junge Pioniere< mit aufgebaut. 1949 sollten sie nach der Gründung der DDR die Führung der dortigen FDJ übernehmen, denn die alten Exilführer kamen langsam in die Jahre, außerdem benötigte man sie in der SED- Parteiorganisation. Da war es ganz natürlich, dass sie beide auch in die SED eintraten. Im Oktober 1946 beschloss das ZK (Zentralkomitee der SED) die Gründung der zentralen SED Betriebsparteiorganisationen, die sogenannten Kaderabteilungen, die auch an den Universitäten die Parteiführung bildeten. Die FDJ-Gruppen der Fakultäten wurden übernommen. Im März 1948 wurde die >Zentrale Betriebsgruppe der FDJ< an der Universität Leipzig geschaffen. Sie repräsentierte nun die politische Organisation aller Studenten, die bereits Mitglied der SED waren. Die zweite Hochschulreform 1951 veränderte die Stellung der FDJ noch einmal nachhaltig. Sie wurde nun zum studentischen Überwachungs- und Kontrollorgan der Partei, sie hatte jetzt Organisations- und Sanktionshoheit in der FDJ und fungierte als Organisator und Überwacher des Studienbetriebes.

Ruth und Bernd studierten inzwischen das neue Fach Gesellschaftskunde an der Universität in Leipzig. Dieses Studium war ein Staatsauftrag, und diente der Ausbildung und Erziehung der neuen Parteikader. Die Nichteinhaltung der Studien- Disziplin war nun ein Rechtsbruch und konnte von der FDJ mit der Exmatrikulation geahndet werden.

Nach dem Studium begann für sie eine einzigartige Karriere mit allen Privilegien, welche die Partei zu vergeben hatte. Als sie kurz danach heirateten, wurde ihnen eine alte heruntergekommene kleine Villa mit einem Telefonanschluss zugeteilt. Bernd bekam ein paar Jahre später einen Dienstwagen und stieg in der Partei-Hierarchie weiter nach oben. Eigentlich konnten sie zufrieden sein und begriffen sich als wichtige Leute, die das Neue Deutschland aufbauten. Doch dann kam der 17. Juni 1953. Die sowjetischen Panzer stoppten den Arbeitskampf der Bauarbeiter von der Stalinallee in Berlin, wo es anfangs nur um bessere Löhne ging. Doch anstatt höhere Löhne, wurden die Arbeitsnormen erhöht, dadurch eskalierte der Arbeitskampf. Mit dem Ruf nach freien Wahlen zur Wiedervereinigung des Deutschen Vaterlandes, gingen die anfänglichen Proteste um höhere Löhne, in einen Volksaufstand über.

Ja, was war das denn, hatten nicht Bernds Vorfahren seit Jahrzehnten für die Rechte der Arbeiterklasse gekämpft? Das war ein Schock, der sie zu ersten Mal zum Nachdenken zwang. In der Partei und bei Versammlungen wurde das Thema ausgiebig behandelt. Doch an die imperialistischen Klassenfeinde, die einen Putsch angezettelt haben sollten, glaubten sie nicht. Das war dann doch eher einen Fehler, den die Parteileitung selber gemacht hatte, in dem sie die Bauarbeiter nicht ordentlich bezahlt hatte. Na ja, dachten sie, Fehler passieren überall. Und so machten sie weiter, schließlich hatten sie ja schon einiges erreicht im Leben. Außerdem wollten sie ja den Sozialismus, wenigstens im Ostteil ihres Heimatlandes, mit aufbauen helfen und der ging anfangs recht flott voran. Bernd stieg zum Bezirksvorsitzenden der Partei auf, damit war er in der Lage, die Dinge mitzugestalten. Die Entprivatisierung der Wirtschaft und der Landwirtschaft ging mit immer drastischeren Methoden voran. Unternehmer, die nicht freiwillig mitmachten, wurden enteignet, andere in die neu gegründeten Konsum- Handelsorganisationen eingegliedert. Eine probate Anschuldigung war die behauptete Steuer-hinterziehung oder Unterschlagungen von Wirtschaftsgütern. Teilweise waren diese Vorwürfe an den Haaren herbeigezogen, man fand immer Gründe die Privaten zu drangsalieren und zur Aufgabe ihrer Betriebe zu bewegen. Viele Vorwürfe waren nach sozialistischem Selbstverständnis sogar berechtigt, denn die Privatunternehmer versuchten natürlich ihr Eigentum zu „retten", verkauften wertvolle Waren und

52

Maschinen und verschwanden dann über Nacht in den sogenannten „freien Westen", um sich dort eine neue Existenz aufzubauen.

Die neue sozialistische Arbeiterklasse übernahm nun nach und nach in fast allen Wirtschafts- und Lebensbereichen die Kontrolle. VEB Betriebe, LPG's entstanden und die DDR stand damals auch wirtschaftlich ganz gut da. Sie war aber international nicht anerkannt, doch auf einem guten Weg in die Zukunft. Allerdings funktionierte die Planwirtschaft nicht so, wie die DDR-Parteifunktionäre sich das gewünscht hätten. Durch die Zerschlagung der vielen kleinen und großen Zulieferbetriebe, fehlte es an immer mehr Waren des täglichen Bedarfs. Selbst Stecknadeln, Knöpfe und Rasierklingen wurden zur Mangelware. Hinzu kamen die hohen Reparationskosten, die in Form von Industrie-Produkten, kostenlos an die Sowjetunion abgeliefert werden mussten, was dann auch 1989 einer der Hauptgründe für den Zusammenbruch des DDR-Systems war. Im Gegensatz dazu, verzichteten die westlichen Alliierten auf jegliche Wiedergutmachungen. Sie wollten die Fehler, die nach dem Ersten Weltkrieg gemacht wurden, nicht wiederholen und halfen der darniederliegenden Wirtschaft in den westlichen Staaten mit der 13,12 Milliarden Dollar schweren Marschallplanhilfe wieder auf die Beine. (Die Hilfsgelder sind bis heute durch Rückzahlungen und Zinseszinsen auf zirka 127 Milliarden Dollar angewachsen und kursieren heute immer noch als Investitionen im Wirtschaftskreislauf der BRD, AdV.)

„Stimmt denn das noch alles?", fragten sich Ruth und Bernd immer wieder. Da waren dann doch ein paar Dinge, die ihnen nicht so gut gefielen. Ruth's Eltern waren zwangsweise in die LPG (Landwirtschaftliche Produktions-Genossenschaft) übernommen worden. Die einstmals und seit vielen Jahrhunderten freien Bauern, waren nun gezwungen, in einer „Kolchose Stalinscher Prägung" zu arbeiten. Verloren ihre Ländereien und durften nun als „Mägde und Knechte" in der LPG arbeiten. Die Diskussionen mit Ruths Eltern endeten immer in heftigen Streitereien. Die Umbrüche und Verwerfungen durch die

53

Verstaatlichung von Privatfirmen, führte zu ernsthaften Versorgungs-Engpässen, welche die Staatsführung als vorübergehende Erscheinung abtat.

Immer mehr Bauern, ehemalige Unternehmer und Gewerbetreibende, flohen in die 1949 im Westen gegründete BRD (Bundesrepublik Deutschland). Zwischen 1945 und 1961 flüchteten 3,5 Millionen Menschen in den Westteil Deutschlands. Sie flohen, weil ihnen der Grund und Boden enteignet wurde, weil sie wegen ihrer Religion verfolgt wurden und allgemein auch, weil sich die Versorgungslage immer mehr verschlechterte. Die Fluchtbewegungen wurden auch durch die Einschränkungen der politischen Freiheit, Rentenkürzungen und Preiserhöhungen beschleunigt. Die sogenannte Abstimmung mit den Füßen schritt immer rasanter voran, sodass die DDR-Behörden 1952 begannen zwischen Ost und West einen Stacheldrahtzaun zu errichten. Die Fernsprech-Verbindungen wurden unterbrochen und über zentrale Stellen mit Abhöreinrichtungen umgeleitet. Durch den alliierten Status der Stadt Berlin ging aber die Flucht von Ost nach West über die zirka 80 Sektoren-Übergänge, zwischen den Amerikanischen, Französischen, Englischen Stadtbezirken, die zusammengehörten und den russischen Stadtteilen weiter. Im Jahr 1957 verschärfte die DDR die Gesetze. Das Verlassen der DDR wurde nun strafrechtlich verfolgt und mit mehreren Jahren Haft geahndet. Aber die Fluchtbewegungen gingen weiter, in den Betrieben fehlten wichtige Facharbeiter, viele Bauern und ehemalige Landarbeiter rechneten sich im Westen bessere Lebensbedingungen aus. Anfang 1961 schwoll der Flüchtlingsstrom dermaßen an, dass die DDR auszubluten drohte. Der von den Russen beauftragte DDR-Gründer Walter Ulbricht, tischte der Welt mit seinem Satz:

„Niemand hat die Absicht, eine Mauer zubauen", eine dreiste Lüge auf. Drei Monate später war es dann soweit. In der Nacht rückten gut organisierten Maurerbrigaden an und mauerten die drei Zonen der Westalliierten in Berlin ein. Wenig später wurde

54

das Republikfluchtgesetz zementiert und an den weiter verbesserten Grenzanlagen scharf geschossen. In den Folgejahren bis zur Wende 1989, sollten an den DDR-Sperranlagen über 1600 Menschen sterben, erschossen von den Grenzwächtern des größten Gefängnisses der Weltgeschichte. Deutsche erschossen ihre deutschen Mitbürger. Man fragt sich, was waren das für Unmenschen, die auf Wehrlose schossen. Wie tickten die denn? Ihr Hirn musste doch total abgesoffen gewesen sein, sie hätten auch ohne weiteres „auf Befehl" danebenschießen können?

Ruth und Bernd waren schockiert, nicht einmal er, der Bezirksparteivorsitzende, war von den Vorgängen informiert worden. Die Geheimhaltung ging so weit, dass nur die Organisatoren des Mauerbaus eingeweiht waren. Auch die Maurerbrigaden wussten nicht, wo sie hin gekarrt wurden. Allerdings bleibt die Frage offen? Warum mauerten sie so eifrig drauflos. Kelle um Kelle, Stein um Stein auf Stein. Vermutlich hatte man nur linientreue, sozialistische Maurer für diese Arbeiten ausgesucht. Ruth und Bernd waren wie versteinert. Das hatten sie sich nicht vorstellen können, das hatten sie nicht gewollt. Jetzt wurde ihnen schlagartig klar: Sie hatten aufs falsche Pferd gesetzt, doch nun war es zur Umkehr zu spät. Bernd sagte zu Ruth:
„Wenn ich jetzt an der Mauer wäre und keine Familie hätte, würde ich hinüberspringen. Was sollen wir bloß tun, wir können doch nicht so weitermachen?"
Praktisch wie Frauen denken, die kleine Kinder aufziehen, antwortete sie:
„Ich denke, wir sollten erst mal abwarten, wie es weitergeht. Zum Aussteigen ist es zu spät, die würden uns nach Sibirien verfrachten, wir würden unsere Kinder nie mehr wiedersehen."
„Du hast wie immer recht, doch wir müssen uns darüber im Klaren sein, dass wir ab sofort zu den Heuchlern gehören werden, die wir bisher immer verachtet hatten", sagte Bernd.

„Wir haben keine Alternative, flüchten können wir nicht, dazu sind wir viel zu bekannt, aber wir können in die innere Opposition flüchten, passiv weitermachen, vielleicht können wir ein paar Dinge in andere Bahnen lenken und die Falken in der Partei-Führung in unserem Sinne beeinflussen", erwiderte Ruth.

„Es wird nichts anderes übrigbleiben, doch es wird ein schwerer Gang, den wir zu gehen haben, das kann ich dir versprechen. Ich gewinne immer mehr den Eindruck, dass wir auf der falschen Seite stehen."

„Das tun wir nicht, die andere Seite ist auch nicht besser, wir stehen eher dazwischen, allerdings mir scheint, wir könnten auf der anderen Seite mehr zur Verbesserung des Lebensstandards, für die Menschen tun als hier."

„Ruth, was du sagst ist völlig richtig, eines fernen Tages wird es auch in Deutschland einen richtigen Weg zur Wohlfahrt der Menschen geben, doch ich glaube dieser Weg wird noch unendlich lang und steinig zu sein."

Die Jahre vergingen, die Kinder wurden größer, Ruth und Bernd hatten sie in ihrem Sinne einer humanitären, sozialen Menschenwürde erzogen und ihnen nahegebracht, wie man sich unter den bestehenden Verhältnissen am besten durchs DDR-Leben hindurch-lavieren kann, ohne sich allzu sehr zu verbiegen.

Die Atomaufrüstung Amerikas und der Sowjetunion ging weiter in Richtung Armageddon. Die letzten Tage der Menschheit schienen angebrochen zu sein, weil sich zwei unversöhnliche ideologische Lager, bis an die Zähne bewaffnet, mit Atomsprengköpfen gegenüberstanden. Deshalb beschloss die Parteileitung für die DDR-Bonzen und ihre Familien Atombunker zu bauen, aber niemand hatte eine Vorstellung davon, wie man das realisieren konnte. Bernd sah in diesem Plan seine Chance zum Ausstieg, aus dem ihm mittlerweile verhassten Parteileben, wo man nur mit Heuchelei und Lügen zurechtkam. Er hatte sein

56

Parteiamt schon recht lange satt, man ließ ihn aber nicht frei, aus seinem geistigen Gefängnis. In den Diskussionen über den Bau der Atombunker tat er sich mit Vorschlägen besonders hervor und hier kam ihm wieder sein Organisationstalent zugute. Das Politbüro sah in ihm bald jemanden, der ihre Vorstellungen realisieren konnte. So kam es, dass diese Arbeit zu seiner neuen Aufgabe wurde, die er voll ausfüllte und auch mit einer gewissen Begeisterung, zur Zufriedenheit der Parteileitung bewältigte. Durch diese Tätigkeit war er jedenfalls aus der Schusslinie heraus, und wie zur Belohnung, erhielt er nach der Fertigstellung der Anlage, das Angebot dort Führungsoffizier zu werden. Das wohl auch, weil er den Bunker am besten kannte, doch ein kleines >Geschmäckle< hatte die Sache doch. Er wurde den Verdacht nicht los, dass man ihn bewusst auf diesen Außenposten abgeschoben hatte. Doch das focht ihn nicht an, er war nun auf jeden Fall aus der „Schusslinie" heraus, das war für ihn die Hauptsache.

Atome

*Wenn man die nicht vorhandenen Atommüll-Endlager
und die Halbwertzeiten des atomaren Zerfalls betrachtet,
sitzt die Welt auf einem Pulverfass mit einer ziemlich kurzen Zündschnur.*

Rei©Men

Die Macht

*Die Staatsmacht ist eine Interessengemeinschaft der Machtbesessenen, die
sich gegen die Interessen der Ohnmächtigen richtet, die alle glauben in einer Demokratie zu leben.*

Rei©Men

57

Kapitel 5 Der Atombunker 1970

Es begann mit der Suche nach einem geeigneten Standort. Bei den Lübschützer Teichen fand Bernd ein geeignetes Gelände für den Stasi-Bunker. Die zu errichtende Bunkeranlage, wurde als Ausweichführungsstelle der Bezirksverwaltung, für die Staatssicherheit Leipzig erklärt. Anno 1968 war es dann soweit, man konnte mit dem Bau beginnen, der dann bis 1972 abgeschlossen war. Offiziell wurde sie als: „Ferienanlage des VEB Wasserversorgung und Abwasser-Behandlung Leipzig" getarnt, intern hatte sie den Decknamen >Ufer<. Schaut man nicht genau hin, so errät man nicht, was sich dort im Wald hinter der Kleingartenanlage verbirgt. Die Anlage in dem idyllisch gelegenen Naherholungsgebiet ist gut getarnt, so gut, dass nicht einmal die Schrebergartenbesitzer ahnten, was sich im Wald hinter ihren Gärten verbarg. Lediglich die Umzäunung und die Sichtblenden hätten sie verraten können, doch sie war ja als Wasserwerk getarnt. Für den „Wasserwärter", wurde ein für alle sichtbarer DDR-typischer Bungalow an den Waldrand gebaut. Wenn man heute hinkommt, würde man die Bewohner des hübschen Hauses am Waldrand, um die schöne Umgebung und die ruhige Lage beneiden. Geht der Besucher durch das Tor weiter in den Wald hinein, erkennt er schwarze Pilze zur Belüftung der unterirdischen Anlage und Not-Ausstiege. In einem Baum versteckt sich eine gut getarnte Funkantenne. Der Bunker erfüllte natürlich nicht die Anforderungen einen Atomschlag zu überstehen. Die Druckwelle hätte die oberirdischen Gebäude weggefegt, aber die Menschen im Bunker wären noch eine Zeitlang am Leben geblieben, wie lange, das kann niemand sagen. Die Anlage verfügte über ein Luftreinigungssystem, das vermutlich nach einigen Tagen den Geist aufgegeben hätte. Eingelagerte Lebensmittel und Wasser hätten vermutlich auch nicht lange gereicht.

Der Bunker sollte im Krisenfalle als Unterkunft für die Parteiführung dienen. Von dort aus wollte man den Staat weiterregieren. Ausgelegt war er für rund 120 Personen, die hier mit ihren Familien Unterschlupf finden sollten.

Der angebliche „Ferien" Pförtnerbungalow

Die Verwaltung und die oberirdische Toilettenanlage

Im Eingangsbereich hatte man aus Betonfertigteilen ein mit Schießscharten versehenes Schützenhäuschen aufgebaut, das im Notfall „unerwünschte Besucher" oder Eindringlinge stoppen sollte. Vermutlich wollte man auch Flüchtlinge stoppen, die sich bei einem Atomschlag „unerlaubt" und ohne die nötigen, prominenten Parteiausweise, in den Bunker hätten retten wollen. Früher sagten die „Alten" dazu: „Vorsicht ist die Mutter der Porzellankiste", heute würde man sagen: „Safety First", Sicherheit geht vor. Aber wen wollte man hier wirklich beschießen, das ist doch die Frage?

Im Außenbereich kann man den Zweck der Anlage nicht erkennen, weil der Eingang sich unter einer Betonplatte im Inneren des Lagers befindet. Auffällig sind nur die Lüftungsrohre, die aber auch für eine Wasserversorgungs-Anlage typisch sind. Betrachtet man sich das ganze System, wird ersichtlich, dass hier eine Menge know how drinsteckt, und dass eine Reihe von ausgesuchten Spezialisten lange daran gearbeitet haben müssen, um eine höchstmögliche Effizienz zu erzielen. Man kann davon ausgehen, dass auch sowjetische Spezialisten daran mitgewirkt hatten.

Schützenhäuschen im Eingangsbereich

60

Die Hundelaufanlage, siehe das Laufseil und die Betonstreifen, erinnern an die Sperranlagen an der ehemaligen Grenze zwischen Ost- und Westdeutschland.

Was müssen die armen, armen Funktionäre für eine Angst gehabt haben, dass das gemeine Volk dahinterkommt, was sie hier im Wald über Jahrzehnte versteckt gehalten haben. Man stelle sich einmal vor, die Anlage wäre publik geworden, es hätte einen Tsunami ausgelöst.

Hinten im oberirdischen Lager rechts, befindet sich der Einstieg unter einer Betonplatte.

Das oberirdische Lager, mit Ersatzteilen für alle denkbaren Ereignisse, war trotz der allgemein herrschenden Material-Knappheit sehr gut bestückt. Die Genossen hatten sich gut abgesichert, was mit der übrigen Bevölkerung im Falle eines Atomkrieges passieren würde, darüber machten sie sich anscheinend keine großen Sorgen.

Die Treppe und die auf Rollen gelagerte Betonplatte, die man mittels Motoren, aber auch manuell verschieben konnte. An den Wänden und den Treppenstufen, sieht man die schlechte, handwerkliche Ausführung der Betonarbeiten. Alles in allem betrachtet, hätte diese Anlage wohl nicht einmal lange einem Beschuss mit konventionellen Waffen standgehalten und einem Atomangriff auf gar keinen Fall. Da fragt man sich schon, wozu diente sie dann? Nur der Nervenberuhigung oder war es ein klug inszenierter Aktionismus, den sich die Partei und die NVA = Nationale Volksarmee ausgedacht hatte, um die inneren Parteikader und Funktionäre an sich zu binden, sie zu

Geheimnisträgern zu machen und sie dadurch unauflösbar mit dem Staatsapparat zu verbinden? War es Arroganz oder war es schlicht und einfach nur Dummheit? Hatte jemand vom Partei-Establishment eine Idee gehabt, die wider besseres Wissen und parteigetreu ausgeführt wurde, oder hatten die Russen den Bunkerbau befohlen?

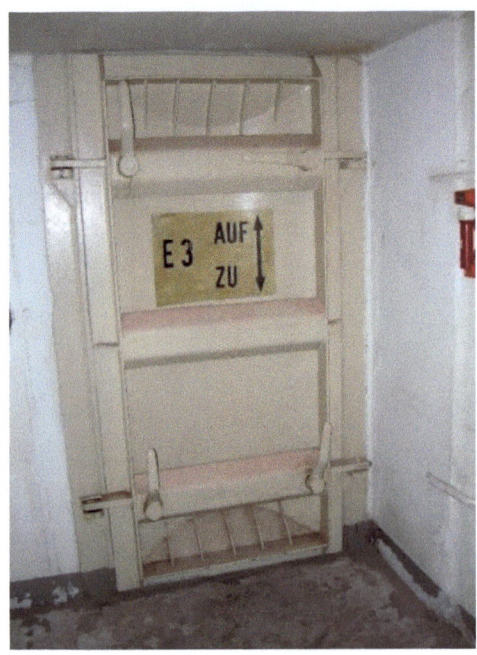

Im Eingangsbereich gab es eine Schleuse, hier sollte die chemisch, biologisch oder atomar verseuchte und verstrahlte Kleidung abgelegt und geduscht werden. Dort lagerte man auch Kleidung, Wäsche und neue Uniformen ein.

Es gab außerdem luftdichte Stahltüren. Ob sie dem Explosionsdruck einer Nuklearbombe standgehalten hätten, ist sehr fraglich. Die ganze Anlage macht mehr den Eindruck, dass sie eher für einen konventionellen Krieg gebaut worden ist. Im Bunker standen dafür 16

64

Arbeits- und Schlafräume zur Verfügung. Hinzu kamen Küche, Sanitärräume und eine Krankenstation.

Absicht oder Dummheit? Jedenfalls war die ganze Bunkeranlage nicht in wasserdichter Ausführung gebaut worden, was im Falle einer Überschwemmung oder eines Grundwassereinbruchs zum Absaufen geführt hätte. Also eine Pseudoanlage, die nur eine Sicherheit vorgaukeln sollte?

Der Eingangsbereich ähnelt einem Luftschutzbunker aus dem Zweiten Weltkrieg, wie man sie heute noch in vielen alten Häusern in den Großstätten findet.

65

Die Einsatzpläne an der Pinwand, wie es bei Behörden üblich ist. Deutsche können offensichtlich nicht anders, es muss alles sogar der Atomtod, vorher genau geregelt und organisiert werden.

Die Wachstube

Wie man am Fußboden erkennen kann, war die Anlage doch häufig vom technischen Personal begangen worden, um sie für den Ernstfall fit zu halten. Im Hintergrund eine drehbare Luftschleuse.

Der Schreibraum mit einem massiven Tresor

67

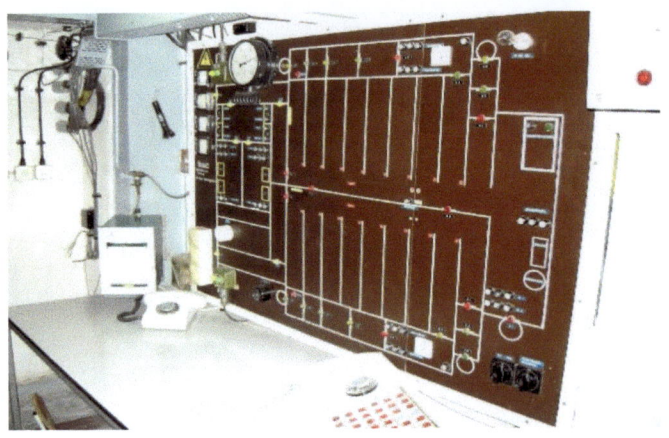

Der Grundriss der Bunkeranlage mit den Steuerungselementen. Die Nachrichten- und Kommunikations-Ein-richtungen, sowie die Nachrichtentechnik waren das Herzstück des Bunkers, dazu wurde er geschaffen, von hier aus wollte man die staatliche Ordnung aufrechterhalten. Doch welche staatliche Ordnung? Die Frage ist doch: Was wollte die SED-Parteiführung wirklich erreichen? Konnte sie angesichts der Übermacht des Machtbolschewismus, stalinscher Prägung, überhaupt etwas Eigenes erreichen? Die Angst vor der Rückkehr des Kapitalismus war es bestimmt nicht, welche die Funktionäre im DDR-Staat zu ihrer repressiven Politik gegenüber ihrer Bevölkerung motivierte, da war es dann doch wohl eher die Angst vor ihrer Bevölkerung, die man über Jahrzehnte ins größte Gefängnis der Geschichte eingesperrt, bis auf die Unterhosen ausspioniert, bevormundet und drangsaliert hatte. Das Ende des staatlich verordneten Sozialismus kam dann ein paar Jahre später, das Lügensystem brach krachend zusammen und schleuderte die Nutznießer aus ihren Überwachungs-Staatssesseln, auf denen sie sich mit ihren Filzbrillen gemütlich eingerichtet hatten. So soll doch keiner von ihnen behaupten, er hätte es nicht gesehen, gewusst und geschwiegen, dass der ganze verlogene Apparat implodierte, die städtischen Gebäude und die Infrastrukturen verrotteten, aber niemand etwas tat, um den Verfall aufzuhalten, die Agonie zeigte sich in dem verfallenden Altbaubestand der

68

ehemals herrlichen Innenstädte. Als man sich dann endlich zur Wahrheitsfindung entschloss, war nichts mehr zu retten, die Geschichte fegte das ganze Lügengebäude und ihre Macher, mitsamt dem menschenverachtenden kommunistischen System hinweg. Leider sind die „Nachbeben" noch überall spürbar, immer noch haben viele der ehemaligen Funktionäre nicht begriffen, dass man auf Lügen und Gewalt gegen die eigene Bevölkerung, keinen Wohlfahrtstaat aufbauen kann. Auch die immer noch Mächtigen in Russland und China werden nach und nach und Quäntchen für Quäntchen ihrer Machtfülle beraubt. Sie haben ein paar unbesiegbare Feinde bekommen, die immer gut unterrichtete Weltöffentlichkeit und das Internet. Es verbreitet Nachrichten in Sekunden rund um die Welt, alles was passiert wird ans Licht der Öffentlichkeit gezerrt. Gutes und Böses und kein Diktator kommt daran vorbei. Die Aufklärung und die Schulbildung der Bevölkerungen, macht es Diktatoren schwer ihre Lügenmärchen aufrecht zu erhalten. In Europa haben sich schon übergeordnete Gerichte gebildet, die rigoros ganze Staaten verklagen, wenn die Politiker Fehler machen. In Den-Haag werden Kriegsverbrecher verurteilt und bald wird es ein Weltgericht geben, das alle Übeltäter bestraft.

Die Beletage für die Führungsebene. Ausstattung wie es sich gehört. Schlafcouch und Lederclubsessel. Vornehm geht die Welt zu Grunde.

Schlaf- und Aufenthaltsräume für „Normalsterbliche"

Wasch- und Toilettenräume mit Plaste-Wasserhähnen

Damals hat man über die primitiven Plastikwasserhähne, die in der DDR üblich waren gelacht, heute sind sie in jedem deutschen Badezimmer eingebaut, sie sehen inzwischen nur viel eleganter aus.

Notfall-Trockentoilette

War es die Angst, vor der Verfolgung durch die Politkommissare der Sowjets? Kaum zu glauben – aber wahr. Wie in jeder menschlichen Gesellschaft war es normal, das Gefühl die schiere Macht anzuwenden, die man vom Staat über andere schwächere erhalten hatte, nun auch auszuüben. Es ist also die Macht, die ein Staat seinen Staatsdienern, seiner Polizei und allen anderen staatlichen Einrichtungen verleiht. Die Machtbefugnis, wird dann ohne nachzudenken, ausgelebt und ausgenutzt. Hinzu kommt der Gruppenzwang, in den jede noch

72

so kleine Gruppe einer Gesellschaft, eingebunden ist und aus der darf man nicht ausbrechen, sonst wird man selber ausgegrenzt. Immer wieder sind es die „Ordnungskräfte", die in einer Demonstration auf wehrlose einschlagen, am Boden liegende, mit Knüppeln bearbeiten und treten, obwohl die sich überhaupt nicht wehren und das hat bestimmt nichts mit der DDR zu tun, das beobachtet man überall auf der ganzen Welt, es ist eine menschliche Kernschwäche, vermutlich schon in den Genen fixiert.

War es nun wirklich der Glaube daran, die Aufrechterhaltung der staatlichen Ordnung während eines Atomangriffs gewähr-leisten zu müssen, was die DRR-Führungsebene veranlasste, diesen Atombunker zu bauen? Mitnichten, dann hätte man die Familien der DDR-Bonzen nicht auch noch in den Bunker einquartieren dürfen, während die Bevölkerung in ihren Wohnungen verblieb. Oder, dachte man gleich

73

weiter? Sollte der „sogenannte Sozialismus" von den überlebenden Familien danach recycelt werden? Kaum zu glauben, der wahre Grund war eher, sich auf Grund seiner Stellung einen Überlebens-Vorteil zu verschaffen und die Hoffnung, sich seine persönlichen Privilegien erhalten zu können, wenn man überleben würde.

Schwer vorstellbar, dass hier jemand überlebt hätte, es ist deutlich zu sehen, dass selbst die Bunkerdecke mit vorgefertigten Betonplatten gebaut wurde. Das ganze System war nicht einmal hermetisch verschließbar, also luftdicht errichtet worden. Es basierte eher auf dem Reinraum-Prinzip. Im Bunker wurde ein Überdruck erzeugt,

74

sodass die atomar verseuchte Luft nicht von außen in den Bunker eindringen konnte, wenn durch die Undichtigkeiten immer genügend Luft ausströmt. Um den Überdruck zu erzeugen, benötigt man allerdings Strom, der von Notstromaggregaten geliefert werden sollte. Man hatte allerdings vergessen, dass bei einem Atomangriff der elektromagnetische Puls, alle elektronischen und elektrischen Anlagen außer Betrieb setzt und somit auch die Luftversorgung und Luftreinigung der Bunkeranlage ausfällt.

Die Luftreinigungsanlage

75

Viele Teile der Einrichtungen stammten aus der Produktion westlicher Firmen, die dann aber nach der Entdeckung der Bunker-Anlage schon fehlten. Vermutlich waren sie von Insidern gestohlen worden. Man kann deshalb davon ausgehen, dass die Anlage nicht so geheim war, wie man es gern gesehen hätte. Allerdings sind sie dann später, weil vermutlich unverkäuflich, wiederaufgetaucht und von den Dieben zurückgeben worden. Manchmal müssen auch die dümmsten Diebe erkennen, dass ihre gestohlene Ware wertlos ist, weil sie niemand haben möchte und gaben sie wieder zurück.

Notfall-Sauerstoffflaschen, sie dienten vermutlich nur zur Nervenberuhigung, denn jeder kann sich ausmalen, wie lange der Vorrat wohl im Ernstfall gereicht hätte.

76

Natürlich hätte man der Atemluft eine Zeitlang Sauerstoff zusetzen können, aber nur, solange der Vorrat gereicht hätte. Man muss daher davon ausgehen, dass die ganze Anlage nur für die absolute Führungsspitze ausgelegt war. Da erhebt sich dann doch die Frage, was man nach einem Atomschlag ohne das eigene Volk hätte anfangen wollen. Eine Möglichkeit wäre noch offengeblieben. Da nach einem Atomkrieg auch die Gefängnisse leer gewesen wären, hätte man sich selbst dorthin begeben können, um dort seine wohlverdiente Strafe abzusitzen. Denn in der kommunistischen Ära, hatte man nichts Besseres zu tun, als den „Klassenfeind" zu beschimpfen und ihn als Kriegstreiber darzustellen. Nun hatte man ihn endlich ausgerottet, leider aber auch sich selber.

Die Luftfilteranlage sieht so aus, als wenn sie für die Klimaanlage eines Zweifamilienhauses ausgelegt worden wäre. Es ist schwer nachvollziehbar, was die Erbauer mit diesem Alibiteil bezweckten. Wohl hätte sie ausgereicht, die Atemluft zu reinigen, aber nur, wenn diese auch von außen einigermaßen sauber hätte angesaugt werden können. Für atomar verseuchte Außenluft war sie wohl nicht geeignet. Wie man an den Stahltüren sieht, sind sie alle mit Gummileisten ausgerüstet, man konnte somit, wenn nötig, einzelne Abteilungen schließen und von anderen, eventuell verseuchten separieren. Auffällig sind die roten Türen, anscheinend „Off Limits", für die „einfachen" Bunkerinsassen nicht zugänglich.

Die Elektro-Steuerungs-Zentrale

78

Um den gewaltigen technischen Apparat am Laufen zu halten, hätte man vermutlich viel Personal und eine Menge Techniker benötigt, vor allem Leute, die die Anlage gebaut hatten und die sich mit der Technik auskannten. Zum Beispiel Kernphysiker, Klimafachleute, Elektrotechniker, Telekommunikationstechniker, Wasser- und Abwasserfachleute, Baufachleute, Ärzte, Krankenpfleger, Köche, Waschfrauen und Sicherheitspersonal. Schon diese kleine Aufzählung macht deutlich, dass für die Besatzung nicht mehr allzu viel Platz übriggeblieben wäre. Macht nichts, für das gemeine Volk hatte die Partei eigentlich noch nie viel übriggehabt, sonst hätte sie für sich und ihre Führungsschicht, nicht solche Privilegien, wie den Einkauf von Westwaren im „Intershop" zugelassen. Man beachte die englisch- internationale Namensgebung.

Die Schaltzentrale der Elektroversorgung

79

Die Fernschreibzentrale für die Kommunikation, an der Decke sieht man hier wieder die groben Betonplatten. Zur Tarnung wurden unter anderem Ferienbungalows, Garagen und eine Tischlerei auf dem Gelände errichtet. Wie es jedoch gelang, die Geheimhaltung aufrecht zu erhalten, ist schwer zu begreifen. Denn es mussten ja tagtäglich eine ganze Menge Leute hier ein- und ausgegangen sein. Selbst wenn man die Anlage autark verwaltete und ihre Einrichtungen pflegte, mussten doch hin und wieder Spezialisten, für die Wartung herangezogen werden. Das beschäftigte Personal wohnte nicht dort und musste jeden Tag ein- und ausfahren. Die Zufahrtsstraße führt durch die Gartenanlage, doch auch hier mussten während der Bauarbeiten und in der Zeit danach, alle die zum Bunker wollten hindurchfahren.

80

Auf dem Gelände gab es eine eigene Feuerwehr, weil man im Brandfall verhindern wollte, dass die Ortsfeuerwehren gerufen werden mussten. Dann wäre die Geheimhaltung dahin gewesen. Für den Bunkerkommandanten gab es einen Bungalow, im dem er mit seiner Familie wohnte. Der Führungsstab des Bunkers hätte dafür sorgen sollen, dass die „staatliche Sicherheit gewährleistet" worden wäre. Es gab umfangreiche Listen mit Personen, die interniert und isoliert werden sollten, es waren sogar Pläne entwickelt worden, wie man feindliche Elemente liquidieren wollte. Eine für Diktatoren typische Denkweise, die zunächst einmal in jedem Menschen einen Feind sehen, jedenfalls so lange, bis sie ihn gründlich observiert und bespitzelt haben.

Die Telefonzentrale

Der Museumsverein der heute die Anlage betreut

Viele Helfer hatten kurz nach der Wende den Bunker gesichert, um Plünderungen zu verhindern. Schon gestohlene Einrichtungen wurden ausfindig gemacht und wieder zurück-geführt. In mühsamer, freiwilliger Arbeit wird heute die in ein Museum umgewandelte Anlage gepflegt, um sie der Nachwelt als mahnendes Beispiel zu erhalten. Wenn Sie können, besuchen Sie die Anlage und helfen Sie mit einer Spende, dieses unglaubliche, einmalige Mahnmal menschlicher Machtbesessenheit der Nachwelt zu erhalten.

Manche Menschen haben es nicht durch Wissen und Können zu etwas gebracht, verfügen aber trotzdem über zu viel Macht.

Rei©Men

Kapitel 6 Die Wende 1989

„Ende 1989 mussten wir aus dem Haus ausziehen, das wir seit fast 30 Jahre bewohnt hatten", erzählte Bernd.

„Wir hatten natürlich nicht gewusst, um was für ein Gebäude es sich handelte. Die Partei hatte es uns zur Verfügung gestellt und wir dachten, das sei so in Ordnung. Doch jetzt meldeten sich die Erben des Vorbesitzers. Der war schon 1945, als er aus der amerikanischen Kriegsgefangenschaft entlassen wurde, in der westlichen Zone und späteren Bundesrepublik geblieben, hatte geheiratet und nun machten seine beiden Kinder Besitzansprüche auf das Haus geltend. Was sollten wir tun? Für uns war es eigentlich eine Selbstverständlichkeit, dass sie das Haus zurückbekommen mussten. Es ist ein sehr schönes, altes Jugendstilgebäude aus der Jahrhundertwende und wir trennten uns ungern davon, denn unser neues Domizil, das alte Bauernhaus von Ruths Eltern, in das wir nun einziehen wollten, war ziemlich heruntergekommen und musste erst gründlich renoviert werden. Aber auch unsere Kinder", erklärte Ruth, „die ihre eigenen Wohnungen besaßen, waren der Meinung, dass wir das Haus zurückgeben sollten. Wir vereinbarten, dass wir bis zur Klärung und Überschreibung im Haus wohnen bleiben durften. Das zog sich dann alles ziemlich in die Länge, inzwischen hatten wir den Mietern meines elterlichen Bauernhauses gekündigt, die Rückgabe von unseren Ländereien beantragt und dem wurde stattgegeben. Zunächst einmal hatten wir nun ein Dach über den Kopf. Für die bisherigen Mieter, ein Rentnerehepaar, fand sich schnell eine andere Wohnungslösung. Endlich zogen wir mit Sack und Pack um, doch dann wurde Bernd verhaftet. Man warf ihm vor, dass er die Devisenreserven, die für alle Eventualitäten im Atom-Bunker in einem Tresor lagen, gestohlen haben sollte."

„Nur ", sagte Bernd, „ich hatte als Führungsoffizier zum Tresor gar keinen Zugang. Da kamen nur die Befehlshaber in Leipzig, Generalleutnant Peter Wendschuh, Leiter der Bezirksverwaltung des MfS und Generalmajor Albert Michels, Chef des NVA-Militärbezirks in Frage.

84

(Namen geändert) Doch sie konnten glaubhaft machen und durch Zeugen beweisen, dass sie damit nichts zu tun hatten."

Die eingelagerten „Goldreserven?", Devisen, Westgelder, Rubel etc. waren jedenfalls nach der Wende verschwunden. Einer der Führungsoffiziere, Herr Hempel, der für die Leipziger SED-Parteikasse zuständig war, hatte sich ins Ausland abgesetzt und gleichzeitig waren die Wertsachen verschwunden. Aber das war zunächst nur ein Gerücht. Man vermutete jedoch, dass der Bunkerkommandant Bernd und oder die Sowjetischen Soldaten, welche die Verschlüsselungs-Technik mit vorgehaltener Kalaschnikow demoliert hatten, die Devisen auch hätten mitgehen lassen können. Deshalb war es ein besonderes Anliegen von Bernd, den Verantwortlichen für den Diebstahl zu finden. Von einem Freund hatte er den Tipp bekommen, dass Hempel sich nach Argentinien abgesetzt hatte. Wenn er seinen guten Ruf wiederherstellen wollte, musste er diesen Typen finden. Vielleicht konnte er die Ereignisse im Herbst des Jahre 1989 dann aufklären, wenn sie an diesen Menschen herankamen.

„Jan du willst doch erst an der Westküste von Südamerika nach Nordamerika bis Kalifornien hoch segeln, dann wieder Richtung Süden, um dann durch den Panamakanal nach Argentinien zu gelangen. Bei der Gelegenheit könnten wir Nachforschungen anstellen, wo Hempel abgeblieben ist, ich werde mich auf jeden Fall mal umhören, was da so an Gerüchten im Umlauf sind", erwähnte Bernd in einer geselligen Runde, *„und dann fliege ich zu euch rüber."*

„Na, gut ich melde mich dann, wenn wir dort sein werden, doch versprechen kann ich dir nichts."

„Wir wollen nach den bestandenen Mittelmeerabenteuern nun wieder nach Hause", sagte Ruth, *ruft einfach an, wenn ihr in Argentinien seid, dann fliegen wir rüber. Ich hätte schon gern mal auch die Karibik gesehen."* Damit endete zunächst die gemeinsame Reise der drei Paare.

Kapitel 7 Die Weiterreise

Die Weiterreise der beiden Katamarane Relax von Sibylle und Werner Sänger, sowie der Oase von Sina und Jan, gestaltete sich schwierig, weil zunächst die Straße von Gibraltar vor ihnen lag. Die Meerenge, die das Mittelmeer mit dem Atlantik verbindet, ist zirka 33 Seemeilen lang, eine der meistbefahrenen Wasserstraßen der Welt und musste überwunden werden. Das Mittelmeer liegt ungefähr 1,5 m tiefer, das hängt damit zusammen, dass dort viel Wasser verdunstet, welche jedoch von Atlantik durch eine Oberflächenströmung ausgeglichen wird. Dazu kommen die meistens vorherrschenden Westwinde, die durch die Berge beiderseits der Meerenge, wie in einer Düse verstärkt werden. Will man also aus dem Mittelmeer hinaus auf den Atlantik, muss man den richtigen Segelwind abwarten, bevor man sich auf den Weg macht.

„Ideal wäre ein Raumschotkurs, mindestens aber ein Halbwindkurs, sollte es schon sein", meinte Jan.

„Na ja, notfalls können wir noch unsere Motoren einsetzen", sagte Werner.

„Weißt du was, wir machen einfach mal einen Versuch, dann sehen wir am besten, wie viel nautische Meilen wir über Grund gutmachen. Auf jeden Fall halten wir uns auf der spanischen Seite und aus den Schifffahrtstraßen heraus."

Als sie in die Gewässer kamen, liefen die Kats am Wind fünf Meilen. Doch als sie in die Meerenge einfuhren, verringerte sich die Geschwindigkeit um 40 Prozent auf 3 Knoten.

„Was meinst du Werner, sollen wir weitersegeln?"

„Klar doch, der Wind ist rechtsdrehend, wenn wir noch ein paar Stunden weitersegeln, dreht er immer mehr auf Nordost und wir kommen besser voran." „Gut", meinte Jan, „probieren wir es halt, zurück geht immer."

Wegen der Piratengefahren hatten sie sich entschlossen, den Suezkanal und den Golf von Aden zu meiden, und stattdessen ganz Afrika zu umrunden, so wie es einst die kühnen Seefahrer über

86

hunderte Jahre versuchten und dabei immer weiter nach Süden vordrangen, bis dann als erster der Portugiese Bartolomeo Dias 1498 die Südspitze von Afrika rundete und sie „Kap der Guten Hoffnung" nannte. Das tat er aus gutem Grund, denn sie hatten nun die berechtigte „Hoffnung" endlich einen Seeweg in den fernen Osten, zu den Schätzen des Orients gefunden zu haben. Das gelang dann ein Jahr später Vasco da Gama, als er den Seeweg nach Indien fand. Dieser Route wollte man folgen und sich dabei weitgehend vom afrikanischen Festland fernhalten. Geplant waren nur Landfälle auf den Azoren, den Kanaren, Madeira und den Kapverden, vielleicht würde man bei Bedarf auch in einigermaßen sicheren Häfen an der Westküste Afrikas anlanden. Nach dem berühmt- berüchtigten Kalmengürtel, wo man in der Nähe des Äquators keinen guten Segelwind hat, mussten sie einige Zeit motoren. Doch bald war er wieder da und ließ sie weiter südwärts segeln. Als sie dann langsam dem Kap näherkamen, sahen sie schon von Weitem den hochaufragenden Tafelberg. Über ihm hing eine blaue Wolke, das berühmte Tischtuch, das dem Hochplateau seinen Namen gab. Die Hänge unterhalb des Berges waren mit grünen Wäldern bedeckt, die sich von den weißen Gebäuden abhoben. Hinter der hoch aufschäumenden Brandung lagen weiße Strände, ein wahrhaft entzückendes Landschaftsbild breitete sich vor den Betrachtern aus. Es war Zeit die Vorräte zu ergänzen, Wasser und Treibstoff an Bord zu nehmen und sich ein wenig an Land herumzutreiben, einfach mal etwas Kapstadt schnuppern, deshalb klarierten sie in den Sportboothafen ein. Nach einem Aufstieg mit der Seilbahn, genossen sie die schöne Aussicht auf Kapstadt, von der Gipfelebene des Tafelberges. Den Abstieg gönnten sie sich per pedes und lunschten danach in einem hervorragenden Hotel.

Danach bummelten sie noch ein wenig an der weltberühmte Waterfront entlang, mit ihren zahlreichen Bars, Restaurants, den kleinen und größeren Shops, den Künstlern, die sich hier dankbar dem internationalen Publikum für einen kleinen Obolus präsentieren.

87

„Weißt du was", erklärte Sina, „ich möchte heute Nacht hier mit dir tanzen, das haben wir nun schon lange vernachlässigt."

„Super Idee", sagte Sybille, „ich habe vorhin so ein Plakat gesehen":

>Heute Galaabend mit Henry am Keyboard ab 20 Uhr<."

„Einverstanden, dann übernachten wir aber auch im Hotel", beschloss Werner die Diskussion. Plötzlich hatten es die Damen sehr eilig und schickten die Herren in den Botanischen Garten.

„Was haben die denn plötzlich vor?" fragte Jan.

„Was schon, das übliche Prozedere, Waschen, Legen, Föhnen, Pediküre, Maniküre und kleines Schwarzes kaufen gehen."

„Das kann dauern", meinte Jan, „wir gehen besser zum Schiff und legen uns in die Sonne."

Im Hafen lernten sie dann ein Pärchen, seglerische Weltenbummler aus Großbritannien kennen, er hieß Paul und sie Alice. Die beiden waren schon seit ein paar Wochen auf der Suche nach einem Anschlusstörn nach Indien. Sie legten ihnen die Pässe, ihre Segelzertifikate und sonstige von anderen Skippern in ihren Segelbüchern eingetragenen Beurteilungen vor, die durchweg gut ausgefallen waren. Jan erklärte ihnen, dass sie erst in ein paar Tagen wieder in See stechen würden und heute Abend gehen wir erst mal tanzen. Werner meinte, dass es nicht schlecht wäre, für den langen Törn über den Indischen Ozean noch ein paar zusätzliche Deckshände zu haben.

„Also gut, wir müssen erst noch unsere Frauen fragen, kommt einfach morgen früh nochmal vorbei", sagte Jan, der noch nicht so richtig überzeugt war, ob das gut gehen würde. Doch die beiden hatten natürlich gesehen, dass die Schiffe vom Seewasser verkrustet waren und boten sich an, die notwendigen Reinigungsarbeiten zu übernehmen. Als die Damen von Einkäufen zurückkamen, glänzte alles wieder in Lack und Chrom und auch das laufende Gut war mit Süßwasser gewaschen worden. Die beiden hatten ihre Probezeit bestanden und wurden angeheuert.

Aus dem netten Abend wurde eine schöne Nacht, in der sie erst sehr spät ins Bett kamen und dann auch nicht gleich schliefen ... Die nächsten Tage vergingen mit Besuchen im Botanischen Garten, auf dem Kunstflohmarkt und außerdem nutzte man das reichhaltige, kulturelle und koloniale Erbe der Stadt. Nach dem Ausklarieren erreichten sie den 34. südlichen Breitengrad und spürten an der Abdrift die Wasserströmung, die sie in Richtung Westen versetzte. Nun war es an der Zeit endlich nach Osten, dem Kap Agulhas entgegen zu segeln. Da auch der Wind aus Osten wehte, mussten sie einige Zeit aufkreuzen, dabei kamen ihnen die beiden Hilfskräfte zugute, die sie auf beide Schiffe verteilt hatten. Denn nun kamen sie ihnen entgegen, die berüchtigten, hohen Wellenbrecher, die aus dem Indischen Ozean heranrollten und sich an der Südspitze Afrikas mit den atlantischen Seen einen gnadenlosen Kampf liefern, denen schon manches Schiff zum Opfer gefallen war. Da hieß es Abstand von der Küste halten und keinen Fehler zu machen. Sie hatten ja schließlich drei Motoren, zwei Eiserne- und den Segelmotor und alle konnten ja wohl nicht zu gleicher Zeit ausfallen. Man weiß nicht ganz genau, wieviel Segler und Motorschiffe in den Jahrhunderten der Geschichte am Kap der Guten Hoffnung untergegangen waren. Gründe gab es dafür jedenfalls viele, zum Beispiel weil der Wind und/oder die Motoren ausgefallen waren, wegen Starkwind, Stürmen Strandungen, Mastbruch, Kenterungen und anderen Havarien, aber nach den Statistiken, sollen vor dem Kap ein paar hundert Schiffe auf dem Meeresgrund liegen und da wollten sie sich nicht dazugesellen.

Doch es ging alles gut, sie drifteten durch die Strömungen etwas nach Süden ab, dann ließen die Verwirbelungen und die schweren Brecher, die ihnen entgegenkamen langsam nach, die Schiffslage stabilisierte sich wieder und sie konnten Kurs Fernost weitersegeln. Dabei erwiesen sich die beiden zusätzlichen Deckshände als Glücksfall. Man konnte nun umschichtige Wachen fahren, sodass die Mannschaften nicht an ihre physischen Grenzen gehen mussten und im Notfall immer noch Reserven vorhanden waren. Für Paul und Alice war es sogar eine Erholungsfahrt, wie sie sagten, denn auf ihren anderen Törns waren sie meistens nur ausgenutzt worden, sie mussten sich die Überfahrten richtig schwer verdienen und ihre Leistungen waren nie entsprechend gewürdigt worden. Wenn das Wetter ruhig war, durften sie auch abwechselnd zusammen auf einem Katamaran segeln. Werner und Jan überlegten, ob man ihnen nicht zum Abschluss eine kleine Heuer auszahlen sollte. Aber bis dahin war es ja noch etwas Zeit.

Menschen die anständig denken,
lassen sich ungern etwas schenken.

Rei©Men

Kapitel 8 Von Afrika nach Indien

Von Madagaskar kommend, ging es nach Réunion, Mauritius, über die Komoren, ins Arabische Meer und nach Indien. Die letzte Station sollte die kleine aber feine Insel Aldabra sein. Die Insel ist ein Vogel- und Naturschutzgebiet, Weltkulturerbe der UNESCO und darf nur von kleinen Schiffen und nur für kurze Zeit angelaufen werden. Schon bei der Einfahrt in die Lagune wurden sie von den Naturschützern empfangen und eingewiesen. Seit die Kreuzschifffahrt in Mode gekommen ist, lässt man auch diese Insel der Naturwunder nicht mehr in Ruhe und überschwemmt sie mit den Tagesausflüglern des Massentourismus. Als sie das sahen, wollten sie gleich wieder abdrehen, doch die Anfahrt war sehr strapaziös gewesen und sie brauchten wirklich mal eine Nacht zum Ausschlafen in ruhigen Gewässern. Am nächsten Morgen sollte es weitergehen in Richtung Seychellen, Malidiven, Sri Lanka, Malaysia und Singapur. Doch der Sturm aus Südost, der sie hierher geblasen hatte, flaute nicht ab und drückte mit aller Härte Richtung der Somalischen Küste. Laut Wetterbericht sollte der Wind auf West drehen, also lief man aus. Sie hatten das vermeiden wollen, es passierte aber nun ohne ihr Zutun, denn Wind drehte wieder zurück. Es war ziemlich sinnlos gegenan zu gehen, denn bei Katamaranen besteht im Gegensatz zu Einrumpfbooten immer die Gefahr, dass sie kentern oder sich überschlagen, ohne sich wieder aufrichten zu können. Einrumpfboote dagegen richten sich in der Regel, meistens ohne größere Schäden von selbst wieder auf, weil sie ein Gegengewicht im Kiel besitzen. Das heißt der Gewichtsschwerpunkt liegt unterhalb der Wasserlinie. Kentert jedoch ein Katamaran, kann er nur von speziellen Bergungsschiffen geborgen werden. Da sie mit zwei Schiffen unterwegs waren und auf jedem genug erfahrene Segler fuhren, plus zurzeit jeweils eine weitere Person, mussten die Wachen nur alle sechs Stunden gewechselt werden. Dadurch entstanden längere Schlafphasen, was die Regenerations-Werte erheblich verbesserte. Auf dem offenen Meer waren sie nachts und bei ruhigem Wetter mit den Windsteueranlagen unterwegs. Im Sturm mit 9 bis 10 Beaufort, verkürzten sie die Wachen auf drei Stunden. Die Wetterberichte verkündeten übereinstimmend ein Nachlassen des Windes in den nächsten zwei Tagen. Bis dahin mussten sie weiterhin vor Top und Takel (ohne Segel) vor dem Wind ablaufen. Wohl wissend, dass sie auf diesem Kurs der somalischen Küste sehr nahekamen. Indessen, sie hatten keine andere Wahl. Allerdings gingen sie davon aus, dass bei diesem Wetter keine Piraten unterwegs sein würden.

Wie angekündigt ließ der Sturm langsam nach, sie setzten jeweils nur ein Sturmsegel und am nächsten Morgen, konnten sie das gereffte Groß ebenfalls einsetzen. Als sie gerade den neuen Kurs auf die Seychellen in die Plotter eingaben, tauchten wie aus dem Nichts zwei schnelle Punkte auf dem Radarbild auf, die genau auf sie zuhielten. Als sie in Sichtweite waren, erkannten sie zwei Motorboote über der Kimm, die schnell näherkamen. >PIRATEN<. Man beschloss über Funk, die vorher verabredete Abfolge von Gegenmaßnahmen einzuleiten. Zuerst holte Bernd das Präzisionsgewehr aus seinem Versteck, lud es mit der durchschlagskräftigen Stahlmantel-Munition und gab einen Probeschuss in die Luft ab. Natürlich hatten sie schon des Öfteren auf Treibholz geschossen und sich dabei selbst zu ganz guten Schützen qualifiziert. Sie dachten sich, dass gerade Treibholz das beste Übungsziel sein würde, wenn man es in der auf- und ab wogenden See traf, dann würde man auch ein Piratenschiff in Höhe der Wasserlinie treffen können.

Doch zunächst versuchten sie ein Ausweichmanöver und gingen auf Raumschot-Kurs, das ist in der Regel der schnellste Kurs, den ein Segelschiff laufen kann. Nach kurzer Zeit zeigten Radar und Fernglas, dass die vermutlichen Piraten ebenfalls ihren Kurs in ihre Richtung änderten. Nun ließen sie die Motoren mitlaufen, bis die Katamarane ihre Rumpf-Geschwindigkeit erreichten. Die vermuteten Piraten kamen jetzt nicht mehr so schnell näher, es würde also mehrere Stunden dauern, bis sie die Schiffe erreichten, denn auch sie konnten nicht zaubern. Ein weiteres ändern des Kurses hätte den Kats gemäß der

Hundekurven-Theorie nur Nachteile gebracht, also behielten sie den schnellsten Kurs bei und hofften, dass die Piraten aufgeben würden. Doch dann kam ein neues Problem auf sie zu, womit sie nicht gerechnet hatten. In Fahrtrichtung tauchte ein mittelgroßes Schiff auf, dass ihnen sozusagen, den nach Osten offenen Seeweg abschnitt und nun auch auf sie zu lief. Nach kurzer Absprache, waren sie sich einig, das entgegenkommende Schiff zuerst zu bekämpfen, weil sie mit ihm auch zuerst zusammentreffen würden. Sie ließen sich nicht beirren und liefen stur darauf zu. Durch diese Taktik der Piraten, von zwei Seiten anzugreifen, waren sie plötzlich sogar im Vorteil, denn sie hatten für geschätzte 15 bis 25 Minuten, nur einen Gegner vor sich und dazu zwei Schiffe, die sich gegenseitig unterstützen konnten. Sina saß an der Sattelitenkommunikation und hatte Kontakt mit den Schutzschiffen der NATO, die zur Kontrolle des Schiffsverkehrs im Rahmen der Operation ENDURING FREEDOM eingesetzt worden waren und die seit einiger Zeit im Golf von Aden kreuzten, aufgenommen. Allerdings gab sie gemäß der Verabredung für den Ernstfall, die Identität nicht preis und nannte einen falschen Schiffsnamen. Jan machte sich inzwischen auf dem Dach des Kajütdecks schussbereit, indem er eine Thermomatte auslegte und probeweise mit dem Zielfernrohr des Gewehrs die Piraten anpeilte, während Werner und die Frauen sich mit den Signalpistolen für einen eventuellen Nahkampf bewaffneten. Werner setze auf Kanal 16 einen Ruf mit dem englischen Wortlaut ab:

"Unknown ship, they steer a collision course on us, turn them off immediately. If they do not follow this call, we will consider them as pirates. "

(Unbekanntes Schiff, sie steuern auf uns einen Kollisionskurs, drehen sie sofort ab. Sollten sie dieser Aufforderung nicht folgen, werden wir sie als Piraten betrachten.)

Es kam natürlich keine Antwort, deshalb wurde ein weiterer Spruch abgesetzt:

"Unknown ship, last warning, our two ships are armed, as they approach us further than 1000 meters, we open the fire. "

(Unbekanntes Schiff, letzte Warnung, unsere beiden Schiffe sind bewaffnet, wenn sie sich uns weiter nähern als 1000 Meter, eröffnen wir das Feuer.)

Wieder keine Antwort, die Piraten hielten von beiden Seiten weiter auf sie zu. Anscheinend dachten sie, die bluffen nur. Die hinteren beiden Schiffe, waren noch zirka 3 Seemeilen entfernt, zirka 5600 Meter, als das Schiff welches direkt auf Jan zukam, noch zirka 2000 Meter Abstand hatte. Anscheinend hatten sie unseren Spruch aufgefangen, denn sie verringerten die Geschwindigkeit und wichen nur 5 Grad nach Steuerbord aus. Entweder wollten sie signalisieren, dass sie verstanden hatten oder man wollte sie austricksen. Wahrscheinlicher war aber, dass sie zusammen mit ihren beiden Kampfeinheiten bei den Kats eintreffen wollten. Aber sie ließen sich nicht einlullen und steuerten mit beiden Schiffen ebenfalls 5 Grad nach Steuerbord. Das hatte zur Folge, dass die ihre 5 Grad wieder zurücknahmen. Deshalb steuerten sie nun sofort im rechten Winkel von 90 Grad nach Steuerbord, was bewirkte, dass der Pirat nun im spitzen Winkel von 45 Grad auf sie zukam. Jetzt hatte er das Problem mit der Hundekurve. Bisher war er ja mit dem Bug direkt auf die Kats zugekommen, jetzt hatte er aber einen kolossalen Fehler gemacht, weil Jan ihn nun an seiner schwächeren Steuerbordseite beschießen konnte. Als er noch zirka 1000 Meter querab lag, schwenkten sie mit dem Bug herum und Jan feuerte eine paar gut gezielte Schüsse auf seine Breitseite ab. Werner dagegen fuhr genau hinterher, sodass er kein weiteres Ziel zum Beschuss bot. Auf Grund der gefährlichen Sachlage, konnten sie sich keine Sentimentalitäten erlauben, deshalb schoss Jan ohne Skrupel auf den Rudergänger im Steuerstand. Im Glas sah man, wie er zusammensank. Das Schiff lief aus dem Ruder, doch ein anderer Pirat sprang hinzu, den Jan ebenfalls unter Feuer nahm, weitere sprangen ans Ruder, konnten aber das Schiff nicht mehr auf Kurs halten, weil der Steuerstand unter Jans Gewehrfeuer lag. Er zielte weiter ruhig, gelassen und treffsicher auf alles was sich an Bord bewegte.

Die Kats hatten ihr Tempo beibehalten, machten nach 300 Metern eine Wende und entfernten sich nun, auf einem schönen Raumschotkurs segelnd und mit Motor-Unterstützung, von den Piratenschiffen. Anfangs schwenkten die zwei anderen Verfolger in die Fluchtrichtung der Kats, wurden aber vermutlich über Funk zurückgepfiffen, denn nun eilten sie plötzlich ihrem „Mutterschiff" zu Hilfe. Sina hatte fleißig Nachrichten über die Ereignisse und die Position an die Schutzflotte durchgegeben, die inzwischen mit mehreren Schiffen zu Hilfe eilte. Endlich konnten Werner und Jan sich um das Seelenleben der Mädchen kümmern. Sie hatten gut durchgehalten, doch jetzt, als sich die Spannung legte, brachen sie doch etwas ein, mussten getröstet und wieder- aufgerichtet werden. Eines der Schiffe der internationalen Flotte der Hilfsschiffe, war bereits in ihrem Funkraum zirka 50 bis 100 km eingelaufen und bat auf Kanal 16 um eine neue Positionsangabe. Da Werner und Jan nicht genau wussten, ob das eine neue Falle der Piraten war, hielten sie Funkstille, so konnten sie auch nicht angepeilt werden. Es war zwar unwahrscheinlich, dass die Piraten in der Lage waren, eine Kreuzpeilung durchzuführen, doch trauen konnte man niemand mehr, der in diesen Gewässern kreuzte. Zudem scheuten sie die vielen Fragen und das Theater mit den Behörden. Sie hofften vielmehr ohne fremde Hilfe aus dem Schlamassel herauszukommen, denn die Piraten hatten vorerst genug mit sich selber zu tun, denn sie hatten ihnen ein ziemlich starkes Signal zum Nachdenken rübergeschickt. Außerdem entfernten sie sich mit dem linksdrehenden Tief, indem sie nördlich steckten, schnell aus ihrem Wirkungskreis und hofften nach Osten zu entkommen. Auf Mails und andere Anfragen antworteten sie auch nicht, denn sie konnten nicht einschätzen, wie weit die Arme der Piraten im Indischen Ozean reichten und gingen kein Risiko ein. Es war auch nicht anzunehmen, dass die sich über ihre Niederlage irgendwo beschweren würden. So war es dann auch, man hörte erst wieder über die Presse etwas von ihnen und auch die Anfragen nach dem Verbleib der Katamarane, wurden weniger, bis sie dann ganz eingestellt wurden. Die internationale Presse berichtete dann von dem Vorfall, die Piraten waren auf Grund der Positionsangaben gefasst worden. Sie hatten zwei Schwerverletzte und ein paar weitere waren mit weniger schweren Verletzungen davongekommen. Alle rätselten welche Segelschiffe angegriffen worden waren, doch die waren einfach weg, unauffindbar und in den Weiten der Ozeane entschwunden.

Sina, die die Korrespondenz mit den Hilfsschiffen geführt hatte, war mit dieser Verhaltensweise überhaupt nicht einverstanden und schimpfte wie ein Rohrspatz. Das war wohl eher ihrem überdimensionierten Rechtsempfinden geschuldet und weniger einer realen Überlegung. Immerhin musste man damit rechnen, weiter von den Piraten verfolgt zu werden und sei es nur zu dem Zweck sich an den Besatzungen für ihre Niederlage zu rächen. Somit befanden sie sich weiterhin in erhöhter Lebensgefahr, doch solange die Anonymität gewahrt wurde, konnte man sie nicht finden und identifizieren. Wenn sie sich jedoch outeten, würde die geballte Rechtskraft des Seerechtes und die internationale Presse über sie herfallen. Damit würden sie genau das Gegenteil von dem erreichen, was sie eigentlich vorhatten, nämlich abzutauchen in die Vergessenheit des aufgeregten Weltgeschehens, von dem sie sich so weit wie überhaupt möglich, zu entfernen suchten. Damit war der erste Streit in ihrer Beziehung unvermeidbar, Sina bestand darauf zu den Ereignissen zu stehen und sich einer seegerichtlichen Verhandlung zu stellen, die drei anderen waren aus o. g. Gründen dagegen. Werner schlichtete den Zwist, indem er versprach, einen Experten über internationales Seerecht zu befragen. Der hatte dazu folgendes zu sagen:
Bei Piraterie welche im Völkergewohnheitsrecht, das schon seit dem Mittelalter festgeschrieben ist, handelt es sich um einen kriegerischen Angriff, der die unmittelbare Notwehr gestattet. Die Angegriffenen dürfen sich mit allen ihnen zur Verfügung stehenden Mitteln wehren, auch wenn dabei die Angreifer getötet werden. Ob man sich danach den örtlichen Behörden stellen muss, ist umstritten. Sofern sich das Ereignis in internationalen Gewässern ereignet hat, ist es nicht anzeigepflichtig, denn man kann nicht erwarten, dass die

überfallene Mannschaft sich noch um die Toten oder Verletzten der Angreifer kümmern muss, wenn sie einen Angriff abgewehrt hat. Dabei ist noch zu beachten, dass sie sich bei Hilfsleistungen eventuell weiteren Gefahren aussetzen würde. Die oder der betroffene Skipper, ist jedoch nach allgemein gültigen Regeln der Schifffahrt gehalten, das Ereignis ins Logbuch einzutragen. Wenn eine Schiffsbesatzung in unsicheren Staaten Nachteile befürchten muss, sollte eine Selbstanzeige unterlassen werden. Die Gewichtung, ob eine Selbstanzeige erfolgen oder unterlassen werden solle, hängt also immer von der jeweiligen und der weiteren Gefährdungslage und den zu erwartenden Sanktionen gegen die betroffene Besatzung ab. Sie hatten jedenfalls keine große Lust, sich irgendeiner unkalkulierbaren Gerichtsbarkeit auszusetzen, von der man nicht wusste, ob sie den rechtsstaatlichen Prinzipien europäischer Staaten gerecht würde. Denn schließlich heißt es ja nicht umsonst:

„Vor Gericht und auf hoher See, bist du in Gottes Hand."

Sina war allerdings mit dieser Regelung nicht einverstanden, musste sich aber der „Befehlsgewalt" der beiden Skipper beugen, denn nach internationalem Seerecht hat immer der Schiffsführer das Recht zur unmittelbaren Gewaltausübung. Immer wenn es um die Sicherheit von Schiff und Mannschaft geht, hat der „Kapitän" eines Schiffes das letzte Wort. Es gibt nur eine Abweichung von dieser sinnvollen internationalen Regelung. Im Falle einer offensichtlichen groben Fehlentscheidung, dürfen die „Offiziere" gemeinschaftlich entscheiden, ob der „Kapitän" seines Amtes enthoben wird. Im vorliegenden Fall hätte Sina wohl kaum eine Mehrheit gegen die beiden Schiffsführer Jan und Werner zusammen-bekommen, im Gegenteil, sie stand mit ihrer Rechtsauffassung allein „im Wald" und fügte sich murrend.

Können, Selbstvertrauen und Wagemut,
sind die Schlüssel, auf denen der Erfolg beruht.

Rei©Men

97

Kapitel 9
Sri Lanka, Malaysia, Singapur, Australien

Sina hatte es wohl begriffen, dass sie zwischen Teufel und Beelzebub zu wählen hatten, gab aber keine Ruhe, „sie könne es nicht mit ihrem Gewissen vereinbaren", dass Menschen zu Schaden gekommen waren, usw. usf. Das persönliche Verhältnis war jedenfalls erheblich gestört und die Liebesbeziehung ging gegen die große Null. Sie zog in die Gästekabine um und sie besprachen nur noch das Nötigste. Das änderte sich auch auf der Überfahrt nach Sri Lanka nicht mehr. Dort erklärte sie, sie müsse nun erst einmal alles in Ruhe überdenken und werde nachhause fliegen. Doch die anderen konnten sie überzeugen, die Fahrt bis in ein sicheres Land fortzusetzen und dafür kam eigentlich nur Australien in Frage. Man kam überein, einen Hafen zu suchen, wo man beide Schiffe sicher festmachen konnte. Damit ruhte die Angelegenheit, man wollte zunächst die beiden Briten, die sich an den Diskussionen nicht beteiligt hatten, erst mal in Colombo auf Sri Lanka absetzen und dann die gefährlichen Gewässer so schnell wie möglich und ohne Aufenthalt verlassen. Alice und Paul wurden bei einem Abendessen verabschiedet und erhielten eine angemessene Heuer für ihre Leistungen und man nahm ihnen das Versprechen ab, über die Begegnung mit den Piraten Stillschweigen zu üben. Die Heuer hatten sie sich redlich verdient und sie fiel auch noch reichlicher aus als beabsichtigt. Man verabredete sich wie immer in solchen Fällen, sich nicht aus den Augen zu verlieren, aber wie meistens in diesem Leben, kommt es anders als man denkt. Ein oder zweimal erhielten sie noch E-Mails, dann schlief diese Beziehung ein. Eines hatte man aber gelernt. Die Piraten unterhielten ein umfangreiches Informationsnetz an Land aufrecht und waren über alle Schiffsbewegungen informiert, sonst hätten sie die beiden Yachten bei der Wetterlage nicht auffinden können.

98

Als sie dann die Nordspitze bei Thursday Island in der Timorsee zwischen Australien und Neuguinea rundeten, suchte Sina im Korallenmeer nach einem geeigneten Hafen mit entsprechender Infrastruktur und einem Airport. Nach dem Anlaufen von Cairns und Townsville entschieden sie sich für Airlie Beach. In der Abel Point Marina wurden die beiden Schiffe einer Yachtbetreuungsfirma übergeben und dann flogen sie alle bis zum Winteranfang in Europa, nach Hause in die alte Heimat.

Sibylle und Werner machten sich natürlich Sorgen, dass das schöne Segler-Arrangement beendet sein könnte, und was die Zukunft anbetraf, wussten sie nicht, ob sie nun einfach so weitermachen konnten. Da war in der Zwischenzeit doch zu viel passiert. Sie hatten unwahrscheinliches Glück gehabt und nun dachten sie darüber nach, was sein würde, wenn es noch einmal zu solchen Attacken kommen sollte, dann wären sie auf sich allein gestellt. Die Nachrichten bezüglich der Überfälle auf Fahrtensegler waren beunruhigend, in der Karibik hatte es sogar Tote gegeben. Doch gerade diese Eskalation sollte dazu beitragen, dass sich die diametralen Ansichten nicht weiter verhärteten.

Jan lebte in der Segelpause wieder in der Einlieger-Wohnung bei seinen Eltern, die sehr froh über seine Spontanheilung waren und vor allem war Mutter Berger darüber glücklich, dass sie mindestens eine Zeitlang ihren Sohn bei sich hatte. Nach ein paar Wochen meldete sich Sina bei ihm, sie hatte aus dem Internet erfahren, dass Seeräuber einen Überfall auf eine Yacht begangen hatten. Der Ehemann eines jungen Paares, die auf einer Segelreise in der Karibik unterwegs waren, wurde erschossen. Die junge Frau hatte überlebt, sie hatte inzwischen einen Tatsachenbericht in Form eines Romans geschrieben. Sina hatte ihn gelesen und der erschütternde Bericht hatte bei ihr einen Sinneswandel herbeigeführt. Sie bedauerte die Auseinandersetzungen, welche sie mit Jan angefacht hatte und wollte sich bei ihm entschuldigen. Ihre kleine Wohnung in Offenburg hatte Sina behalten und wohnte zurzeit auch dort. Der Hintergrund war, dass sie bei ihren

Aufenthalten, die ja gelegentlich bei ihrem Arbeitgeber, der Hubert Burda Medien Holding des Öfteren erforderlich waren, eine Bleibe brauchte. Außerdem wollte sie als Single ein kleines Reich für sich alleine haben; das leistete sie sich einfach. Alles andere würde die Zukunft bringen. Sie fragte Jan vorsichtig:

„Soll ich zu dir nach Heidelberg kommen oder kommst du zu mir?" Jan überlegte kurz, denn eigentlich wäre es ihre Sache gewesen, zu ihm zu kommen, dann dachte er aber, dass sie in Offenburg etwas mehr >Bewegungsfreiheit< haben würden als bei seinen Eltern. Deshalb sagte er zu:

„Weißt du, ich habe hier sowieso nichts zu tun, ich kann mir aber gut vorstellen, dass du bei deinem Verlag noch ein wenig aufzuarbeiten hast." Es entstand eine kleine Sprechpause und dann fragte sie ganz überrascht:

„Ich habe doch dich gekränkt, also muss ich zu dir kommen."

„Red keinen Quatsch, damals, als ich am Boden lag, warst du außer meinen Eltern die Einzige, die mich nicht verlassen hatte, das werde ich dir nie im Leben vergessen. Also dann bis morgen."

Als Jan in Offenburg ankam, wartete Sina schon auf dem Bahnsteig und hieß ihn mit Tränen in den Augen und mit feuchten Küssen willkommen.

„Was ist denn mit dir passiert?"

„Du, ich hab' im Internet und in den Pressemitteilungen recherchiert, weil mir das Thema keine Ruhe ließ", sagte sie zu ihm.

„Und woher kommt der plötzliche Sinneswandel?"

„In der Karibik ist ein Ehepaar überfallen worden, dabei wurde der Mann erschossen. Sie starteten mit ihrer Yacht von Martinique aus und segelten die Inselkette der Grenadines nach Süden hinunter", erzählte sie.

Presse Mitteilung: Stern 08.03.2016

Ein deutscher Segler ist auf der Karibikinsel St. Vincent offenbar von Piraten vor den Augen seiner Familie getötet worden. Wie unter anderem das örtliche Nachrichtenportal "Barbados Today" berichtet, soll sich der Vorfall am vergangenen Donnerstag ereignet haben. Der Kapitän des in der berühmten Wallilabou-Bucht vor Anker gegangenen Schiffs sei bei dem Vorfall verletzt worden. Die Täter konnten demnach unerkannt fliehen.

Über das Geschehen erzählte Sina: „Beide waren guter Stimmung und freuten sich auf die schöne Reise nach Trinidad. Fünf Jahre zuvor waren sie mit ihrer Yacht in die Karibik ausgewandert. Dort hatten sie sich mit kleinen Jobs durchgeschlagen. Doch das Leben machte ihnen Spaß und mehr als ihr Boot und zu Essen brauchten sie nicht. Nachdem sie die Tobago Keys verlassen hatten, trieben sie durch starke Winde und Strömungen nach Süden ab, dadurch kamen sie der venezolanischen Küste sehr nahe. Sie wussten wohl, dass es dort Piraten gab, doch *hier so weit draußen und bei diesen kurzen, ruppigen Seen vor der Küste, davon hatte man bisher noch nie gehört. Die Sonne stand sehr hoch im Mittag, als plötzlich ein sehr schnelles Boot auf sie zuraste. Ihr Mann schickte sie in die Kabine"*, erzählte Sina weiter, *„dann hörte sie lautes Geschrei und einen Schuss. Ihr Mann Hans fiel den Niedergang herunter, er war am Kopf getroffen worden und bewusstlos. Sie verband sofort seine Wunde. Währenddessen stürmten die Piraten nach unten, raubten alles Wertvolle und bauten die gesamte Technik aus, dann verschwanden sie wieder. Die junge Frau trieb tagelang mit ihrem toten Mann und dem manövrierunfähigen Boot in der unruhigen See. Dann erinnerte sie sich an die Rettungsinsel und stieg in diese um. Unbeabsichtigt löste sich aber die Leinenverbindung und das Schiff verschwand mit ihrem toten Mann in den Weiten des Ozeans. Zwei Wochen nach dem Überfall wurde sie von einem US-Tanker geborgen. Das Schiff mit ihrem toten Mann strandete zwei Tage später vor der Inselgruppe Los Roques. Das erstaunliche ist, Angelika will wieder Segeln und die Asche ihres Mannes in der Karibik dem Meer übergeben."*

Nach dieser langen Geschichte erübrigten sich weitere Fragen, Sina hatte ihre Lektion gelernt und begriffen, dass man mit solchen Leuten kein Mitleid haben durfte.

(Die Piraten-Frage beschäftigt ja viele Fahrtensegler. Während der Arbeiten an diesem Roman, habe ich im Internet zahlreiche Einlassungen zu dem Thema gelesen, kann jedoch viele Auffassungen nicht teilen. Immerhin hat es inzwischen ein paar erfolgreiche Verteidigungen gegen Überfälle gegeben. Das zeigt doch, dass man sich nicht alles gefallen lassen muss. Außerdem, wer sagt denn, dass man so einen Überfall überleben wird, wenn man sich nicht versucht zu wehren? Da finde ich es besser, sich mit allen zur Verfügung stehenden Mitteln zu verteidigen, siehe dazu auch den Tatsachenbericht von Angelika und Hans Jürgen R. aus Emden.
http://www.bild.de/news/2010/piraterie/und-dann-erschossen-die-piraten-meinen-hans-juergen-12398636.bild.html

Was die Verteidigungsmittel angeht, zum Beispiel Schusswaffen, gebe ich Bobby Schenk, dem legendären deutschen Weltumsegler, Navigationsexperten und Segel- Guru, recht. Man kann nicht in jedem Hafen, den man anläuft, seine Waffen ein und ausklarieren. Auf Stahlschiffen kann man sie jedoch jederzeit gut verstecken. Auf einem Kunststoffschiff nur mit Tricks am Motor, aber das wissen die Behörden auch. Auf Katamaranen, eventuell mit Außenbordern, geht gar nichts in dieser Richtung. Man sollte aber auf jeden Fall einen Waffenschein besitzen, auch für die Leuchtpistolen. Doch, es gibt vielerlei Möglichkeiten sich eigene Waffen zu bauen oder sich erlaubte bzw. waffenscheinfreie zu besorgen. Das reicht von Feuerwerkskörpern über Pfeil und Bogen, Lanzen und Molotowcocktails, bis hin zu Raketen-Systemen, die nicht unter die Kriegswaffengesetze fallen. Wer hindert mich zum Beispiel daran einen Flammenwerfer oder Reizgaskanonen mitzuführen? Denkbar wäre es auch, Schallkanonen oder nachts Blendscheinwerfer einzusetzen. Selbst die oft an Bord befindlichen Harpunen für die Unterwasserjagd sind wirksamen Waffen im Nahkampf. Als ein probates Mittel sind auch sehr starke Laserpointer denkbar. Man könnte außerdem mit einen Quadrocopter ein Molotowcocktail oder Stink-bomben über den Piraten abwerfen. Ich würde vorschlagen, einmal eine Umfrage unter Fahrtensegler zu machen, denn ich bin der Meinung, denen würden auch noch einige Abwehrmittel einfallen. Und bitte, tun sie meine Anregungen nicht als Spinnerei ab. Ich stamme noch aus einer Generation, die etwas wehrhafter war, als die heutigen Laptopträger. Da gab es noch Männer, die sich verteidigen konnten, heutzutage muss man sich erst niederschlagen lassen, bevor man zurückschlagen darf, sonst kommt der Staatsanwalt und faselt etwas von überzogener Notwehr. Anmerkungen des Verfassers.)

Kapitel 10 Landhopping

Inzwischen war es in der südlichen Halbkugel Herbst geworden und in diesen Breiten begann die Hurrikansaison, Sibylle und Werner waren ebenfalls zu einem Urlaub in der alten Heimat eingetroffen. Werner hatte seine Praxis und das dazugehörige Wohnhaus an einen anderen Arzt verpachtet. Doch Sina brachte sie in der leerstehenden Wohnung einer Freundin unter, die kurz zuvor geheiratet hatte. Die beiden konnten sich nicht sattsehen, an der wunderschönen Schwarzwaldumgebung, in die sie nun zufällig geraten waren. Diese Gegend in der Oberrheinebene bildete genau den Kontrast zu den unendlichen Weiten der Meere und zu den norddeutschen Tiefebenen, mit ihren ständigen Winden und dem rauen Wetter. Kaum waren sie in ihre neue Behausung eingezogen, kauften sie ein gebrauchtes Wohnmobil und machten endlose Ausflüge in die Schwarzwaldtäler, ins Elsass, an den Bodensee und in die Schweiz. Mit Begeisterung berichteten sie von den Reisen mit ihrer „Landyacht". Sie hatten entdeckt, dass das Leben auf dem Wasser nicht alles war, was sie sich wünschten und so lehrte sie die ursprüngliche Idee, das hektische Leben auf den Weiten der Ozeane hinter sich zu lassen, dass auch das ungebundene Landleben, seine einzigartigen Schönheiten aufzuweisen hatte, man musste sie nur zu finden wissen. Sehr glücklich waren sie darüber, dass sich Sina und Jan wieder versöhnt hatten. Bei einem Abendessen, zu dem Sina zu sich nachhause eingeladen hatte, besprachen sie dann die weiteren Aktivitäten mit den Freunden.

„Wir wollen in Zukunft größere Ausflüge, mit gemieteten Wohnmobilen, auf den angelaufenen Kontinenten unternehmen", sagte Werner, „denn man kann mit den Schiffen die Welt bereisen, doch das Innere der Länder besser mit einer Landyacht erkunden."

Man verabredete, damit gleich nach der Rückkehr in Australien zu beginnen. In Februar war es dann soweit. Werner stellte das Wohnmobil bei einem Bauern in dessen stillgelegter Scheune ein, es sollte in Zukunft ihr Domizil für Deutschland und Europa werden. Dann flogen sie gemeinsam zu ihren Schiffen zurück, schauten dort nach dem

Rechten, mieteten für drei Monate ein Zehn-Meter-Wohnmobil und dann ging es los. Das Fahrzeug, das sie gemietet hatten, war recht groß und teuer, doch sie sagten sich, wenn wir drei Monate auf so engem Raum leben wollen, brauchen wir wirklich zwei getrennte Schlafräume und dieses Konzept sollte sich auszahlen.

Quelle: Google Bilder

Auch der mitgeführte „Smart4two" bewährte sich, wenn es um Besorgungen und Kurzausflüge in die nähere Umgebung ging. Der Wagen sollte in Darwin übernommen und in Cairns wieder abgeliefert werden. Doch als sie dann in Darvin aus dem Flugzeug stiegen, staunten sie nicht schlecht, was sie da gemietet hatten. Die schiere Größe beeindruckte sie gewaltig, denn sie hatten alle noch nie ein so großes Fahrzeug gefahren. Werner und Sina besaßen zwar EU-Führerscheine bis zu 7,5 Tonnen, schauten sich das Riesengefährt an und beschlossen, erst mal mit dem Vermieter eine kleine Ehrenrunde zu drehen. Bevor es endgültig losgehen sollte, mussten sie auch noch Toilettenartikel und Lebensmittel bunkern. Das war dann bald in einem Woolworth-Markt erledigt und als alles gut verstaut war, hieß es,

105

„Camper klar". Am ersten Tag schafften sie nur ein paar Kilometer bis zum ersten Campground und streckten sich übermüdet in die mitgebrachten Schlafsäcke.

Sonnenstrahlen

Früh am Morgen, wenn die Sonne lacht,
genießen wir des Tagbeginnens Pracht.
Sie bügeln weg, die kleinen Sorgenfalten,
locken dich, den Tag gut zu gestalten,
den sie uns Menschenkindern schenken,
die Wunder sollen deine Schritte lenken,
weil glücklich schwelgen kann hier nur,
gesunden, am heiligen Busen der Natur.

Rei©Men 2017

Erholung

Weg führt hinaus, hinweg aus den endlosen, kalten Steinlandschaften,
in denen sich die Menschen aufhalten,
in die unendlichen Weiten der unberührten Naturgenese,
der Weg ist das Ziel, und die Genesung der Seele.

Rei©Men 2017

Das erste, was ihnen auffiel, waren die vielen unbeschäftigten Aborigines, die schon am frühen Morgen überall herumlagen und Bier tranken. Gestrandete, Übriggebliebene aus der Jungsteinzeit, perspektivlos, denen unsere Zivilisation ihre Heimat, die Lebensbasis und ihr Land weggenommen hatte. Diese Menschen wussten nichts mehr mit sich selber anzufangen. Das war bei den Kängurus etwas anders, sie fraßen das überall reichlich vorhandene Gras, oder pflegten ihren Pelz und die Muttertiere ihre zahlreichen Babys. Den Nachwuchs brauchten sie aber auch, weil jeden Tag hunderte Tiere auf den Highways überfahren wurden und elend starben.

Das Links-Fahren auf den auto- und menschenleeren Straßen, war gewöhnungsbedürftig, fiel ihnen aber nicht sehr schwer. Daran, wie es dann in den Innenstädten sein würde, wagten sie nicht zu denken. Auf jeden Fall hatten sie sich fest vorgenommen, bei unklaren Situationen langsam zu fahren und notfalls ganz anzuhalten.

Erste Eindrücke: Wie kommt der kleine Stein da oben rauf? Gab es in Australien eine Eiszeit? Oder lagen sie schon immer so aufeinander und Wind und Erosion haben das Land darum herum „weggefressen"? Oder waren es die Aborigines mit ihren magischen Kräften? Nein, es gab auch in Australien nicht nur Traumzeiten, sondern auch eine Eiszeit, die vor 15.000 bis 10.000 Jahren endete. Die Gletscher, haben also die Steine so kugelrund geschliffen, wie man es auch in Europa überall finden kann. Die Bodenerosion hat sie dann freigelegt. Ein paar Fahrstunden später verliert sich das Grün immer mehr und weicht einem sandgelben, bis rostbraunen, kargen Landschaftsbild. Sie hielten bei den Devil Marbles, ein heiliger Ort für die Aborigines. Hier hat nach ihren Vorstellungen die Regenbogenschlange in der Traumzeit ihre Eier abgelegt.

Regenbogenschlange als Felszeichnung

Die Rainbow Serpent ist eine Figur der Aborigines und ein wesentliches Element ihrer Traumzeit-Mythologie. Die Regenbogen Schlange, formte als weiblicher Erdgeist auf der Erde die Täler, Berge und das Wasser. In ihrer männlichen Erscheinung, erschuf sie die Sonne und den Regenbogen. Diesen Motiven begegnet man auch überall in der australischen Kunst.

Weiter ging's Richtung Alice Springs und Coober Pedy. Abseits der Strecke liegt der weltberühmte Uluru (Ayers Rock) mitten im Kontinent. Dieses Nationalheiligtum ist inzwischen zum Touristenrummelplatz verkommen. Aber so ist unsere Welt, nichts ist mehr heilig, nicht einmal die Heiligtümer anderen Kulturen. Sie müssen erstürmt werden, deshalb entschlossen sie unsere vier Freunde, den weltberühmten Sonnenuntergang über dem Uluru, nur aus gemäßigter Ferne zu bewundern. Das Besteigen hat die Australische Regierung inzwischen verboten.

Quelle: Wikipedia: Uluru 350 m hoch 3 km lang und 2 km breit

Es hat schon etwas Magisches, die Strahleneinwirkung der untergehenden, rotglühenden Sonne verstärkt den Zauber des heiligen Berges. Doch wo kam er her, wie ist er entstanden? Nach heutigen Erkenntnissen entstand der Uluru nach der Eiszeit durch Auffaltung von ehemaligem Meeresboden eines Urmeeres. Die ehemaligen Sedimentablagerungen stehen heute fast senkrecht in der Landschaft. Wind und Erosion taten ein Übriges und legten den Steinbrocken in Jahrmillionen frei.

110

Das Wappentier Australiens in seiner surrealen Welt, in der es eigentlich nicht überleben kann, sich als Pflanzenfresser jedoch in Jahrmillionen perfekt an die Lebensbedingungen angepasst hat. Durch ihre starken Hinterbeine, sind sie in der Lage zehn Meter weite Sätze zu springen. Damit sind sie, außer dem Menschen, jedem anderen Verfolger haushoch überlegen. Sie gehören zur Gruppe der Beuteltiere, ihre Vorfahren kamen aus Südostasien, lebten einst in Südamerika und Australien, als diese Erdteile noch vereint waren. Nach der Trennung hatten die Kängurus dort die besten Lebensbedingungen und dominieren seither diesen Kontinent.

Opale für den Schmuck der Damenwelt und die Schönheit, hinterlassen die Landschaft in einem scheußlichen Zustand. Schon weit vor Coober Pedy kann man an der umgewühlten Erde die Opalminen erkennen. Profitorientiertes Menschenwerk, die Ureinwohner nennen es treffend: „Weißer Mann im Loch" und dort wohnen auch die meisten Einwohner, nämlich tief unter der Erde, weil sie hier ein gleichmäßiges Klima und Temperaturen von 20°C vorfinden.

111

Wohnzimmer, unterirdisch schön.

Weizenfelder am Straßenrand, fast wie in Europa, wenn nur der eklige Stacheldraht am unteren Bildrand nicht wäre.

Rote und weiße Kakadus, eine sehr intelligente und verspielte Papageienart, die es geschafft hat sich in den Städten anzusiedeln, wie unsere Tauben. Sie leben sehr sozial, in den Innenstädten sieht man oft, wie sie die Kinderrutschbahnen benutzen oder die steilen, glatten Blechdächer hinunter-gleiten, das scheint ihnen einen Heidenspaß zu machen. Sie platzen fast vor Unternehmungslust und sind immer für eine kleine akrobatische Einlage gut.

114

Im Outback findet man sie zu tausenden und aus der Ferne betrachtet, hängen sie wie Eiszapfen an den Bäumen. Die Einheimischen nennen sie Little Corellas und in manchen Gegenden sind sie zur echten Landplage geworden, weil sie zu tausenden in großen Scharen in ihre Schlafbäume einfallen und sie entlauben.

Quelle: http://www.socialbookmark.eu/nutzung.php

Die typische australische Tankstellenkrähe. Sobald ein Fahrzeug anhält, stürzt sie sich auf den Kühlergrill und frisst die toten Insekten ab. Man findet auch viele der kleinen urweltlichen Drachen, die Agamen, sie sitzen meistens auf warmen Steinen oder trocken Ästen und passen sich der Umgebungsfarbe perfekt an. Sobald ein Insekt auftaucht, springen sie schneller als man sehen kann hin und schwupp, ist es in ihrem breiten Maul verschwunden.

Agame

Typisch für die Fauna Australiens ist auch der Dingo, ein verwilderter Haushund, den Forschungen zufolge, schon die Aborigines nach Australien mitgebracht haben sollen.

116

Wer hätte das gedacht? Eine Farm in dieser Einöde, und hier wächst er auch, der australische Wein, auf Feldern wie in der Pfalz.

Der verspielt, klassizistische Baustil ist überlagert von chinesischen Elementen und der Moderne, hauptsächlich aber vom englischen Kolonialstil, der vergangenen Jahrhunderte.

117

Adelaide, kaum ein Unterschied zu europäischen oder amerikanischen Großstädten. Die Bilder sind austauschbar, wenn man jedoch genauer hinsieht, ist der Einfluss des Britischen Empire unverkennbar, der diese Welt dominiert.

Schroff ist die Küste, von Wasser und Wind zernagt. Vom hohen Norden quer durch den Kontinent, sind die Freunde nach über 2000 km wieder zurück am Meer, am Wasser, dem Elixier des Lebens. Morgenvormittag geht es wieder hinein in die Zivilisation, über die Great Ocean Road, eine der schönsten Küstenstraßen der Welt, sie sind gespannt, ob das auch stimmt, was man da behauptet.

London Bridge

London Bridge before its collapse

On the evening of 15 January 1990 the main arch connecting London Bridge to the mainland cracked and fell into the sea. Fortunately no-one was injured. Two people marooned on the new island were rescued hours later by helicopter.

Port Campbell National Park
Department of Conservation & Environment

Die sogenannte London Bridge und so sieht sie heute aus.

119

Er darf natürlich in Australien nicht fehlen. Der Koalabär, auch ein Vertreter der Beuteltierarten bei der Siesta und sie dauert ein Weilchen, den die Eukalyptus- Blätter, die er ausschließlich frisst, sind ziemlich schwer verdaulich. Eigentlich ist er kein Bär, er sieht nur so aus und wurde wegen seines niedlichen Aussehens, in Europa und in den USA zum Kinderspielzeug, dem Teddybären. Selbst den legendären amerikanischen Präsidenten des Zweiten Weltkrieges, nannten die Amerikaner liebevoll „Teddy" Roosevelt.

Das Hunter Valley, eines der großen Weinanbaugebiete Australiens. An den kahlen Hügeln ist ersichtlich, dass der Wasserverbrauch sehr hoch sein muss, um den Wein gedeihen zu lassen. Man kann nur hoffen, dass des unterirdischen Wasserreservoirs auch weiterhin eine solche Verschwendung ermöglichen. In der Regel ist es so, dass Regen schnell in dem sandigen Boden versickert und sich dann über einer wasserdichten Schicht ansammelt. Solange sich Regen und Wasserverbrauch die Waage halten, geht das gut, kommen aber trockene, wasserarme Jahre, was oft der Fall ist, so kippt das System um. In den letzten Jahren müssen die Bauern in Australien jedoch häufig

120

mit Überflutungen kämpfen, was dann zu großen Erosionsschäden führt. So ist es, wenn der Mensch in seinem Gewinnstreben, zu große Eingriffe in die Natur vornimmt, dann schlägt sie gnadenlos zurück, wie man unten sehen kann. Das eingedeichte Flussbett kann die Wassermassen nicht mehr fassen und die reißen alles mit sich.

Die Skyline von Brisbane.

Überall das gleiche „Kikeriki", das war nicht die Glitzer-Welt, nach der sie sich sehnten und der sie entflohen waren, doch es gab wieder neuen Ansporn, in der enger werdenden Welt, weiter nach einer besseren Heimat zu suchen.

Das große Emu, eine flugunfähige Vogelart der Gruppe der Laufvögel, zu der auch der afrikanische Strauß gehört. Sie sind trotz der Unterschiede und der weit entfernten Lebensräume miteinander verwandt. Hier haben sie sich erstaunlicherweise den veränderten Lebensbedingungen gut angepasst.

Das Endziel kam langsam näher und sie wollten eigentlich nicht über Airlie Beach bis nach Cairns hinausfahren, deshalb beschlossen sie, ihre Fahrt dort enden zu lassen und riefen den Vermieter an, dass er das Fahrzeug abholen solle. Der hatte jedoch eine andere Idee und kam mit der nächsten Crew zu ihnen, denn die Neuen wollten eine andere Route über Melbourne an die Westküste fahren.

Die Ankunft im Hafen gestaltete sich äußerst unerfreulich. Ihre Kats lagen an Land und es war noch kein einziger Handgriff an ihnen gemacht worden und das, obwohl sie ihre Rückkehr lange genug angekündigt hatten. Da sie an Land weder Strom hatten, noch die Toilette benutzen konnten, und auch kein warmes Wasser an Bord aufbereiten konnten, verlangten Jan und Werner die Schiffe sofort wieder im Hafenbecken zu wassern. Als das geschehen war, verlangte der Werftchef erst einmal die Bezahlung der Liegegebühren und legte ihnen die Rechnung vor. Jan, der die Verhandlung weiterführte, bestand auf die sofortige Inangriffnahme der Reparatur- und Instandsetzungsarbeiten. Doch der Chef der Firma versuchte sie weiter zu vertrösten und verlangte zudem eine Vorkasse für die Arbeiten zu leisten. Jan setzte sich an den Computer, schrieb eine Gegenrechnung für die verlorene Zeit und warf sie in den Briefkasten der Firma. Gegen Abend verließen sie den Hafen Richtung Süden. Da sie die großen Städte schon mit dem Wohnmobil angesteuert hatten, schenkten sie sich die Hafengebühren und setzten sich nach Neuseeland ab. Natürlich rechneten sie mit einer Anzeige, jedoch, sie hatten gute Argumente auf ihrer Seite. Zum Beispiel die anfallenden Hotelkosten, die durch den Aufenthalt in einer anderen Marina entstehen würden. Von einer Vorkasse war auch nie die Rede gewesen, weil im Prinzip

124

immer die in der Werft verbleibenden Schiffe als Sicherheit für nicht geleistete Zahlungen dienen. Kurz danach erhielten sie per E-Mail ein Anwaltsschreiben, der drohte mit einer Anzeige, wenn die Rechnung der Werft nicht umgehend beglichen würde. Jan schickte ihm ihre Gegenrechnung, den Schriftverkehr und drohte seinerseits die Werft wegen der Verzögerungen in Haftung zu nehmen. Danach hörten sie nichts mehr in dieser Sache. Anscheinend waren die Werftbetreiber von ihrem Anwalt darüber aufgeklärt worden, dass sie den Kürzeren ziehen würden, wenn sie die Sache weiterverfolgten.

In der Bayswater Marina in Auckland, fanden sie dann eine Werft, die ihre Schiffe wieder seeklar machte. In der Wartezeit, planten sie ihre Weiterreise nach Neuseeland und in die Südsee, wo sie ein Weilchen zu bleiben gedachten. Sie hatten ja von anderen Seglern und aus vielen Büchern viel über die Südsee gehört. Die Legenden reichten von James Cook, dem englischen Seefahrer, Kartografen und Entdecker, die Meuterei auf der Bounty und die Aussetzung von Kapitän Bligh mit ein paar Getreuen in der Barkasse und die anschließende seemännische Großtat, als er mit ihnen unter widrigsten Umständen trotzdem überlebte. Auch Bücher, zum Beispiel von Jack London hatten zur Legendenbildung beigetragen. Und dann die vielen Abenteurer mit ihren kleinen Segelschiffen, die in der Südsee kreuzen und sich die Bordkasse mit ihren Geschichten aufbessern, bis zu den modernen computergesteuerten Großseglern, die gegen viel Bares, Luxus-Segelreisenden mit Sundowner und Fernseher in der Kabine, als Abenteuer verkaufen wollen. Die Wirklichkeit sieht dann anders aus. Segel werden, wenn überhaupt, nur bei schönstem Wetter gesetzt, wenn der Wind mäßig und aus der richtigen „Ecke" bläst und so mogeln sich diese Pseudo-Abenteuer-Segelschiffe durch die schönsten Segelreviere, welche die Weltmeere zu bieten haben, ohne überhaupt Abenteuer anzubieten. Denn Abenteuer hat etwas mit Abenteuerlichem zu tun, ist also mit einer gehörigen Portion Risiko verbunden.

125

Kapitel 11 Historisches für Interessierte

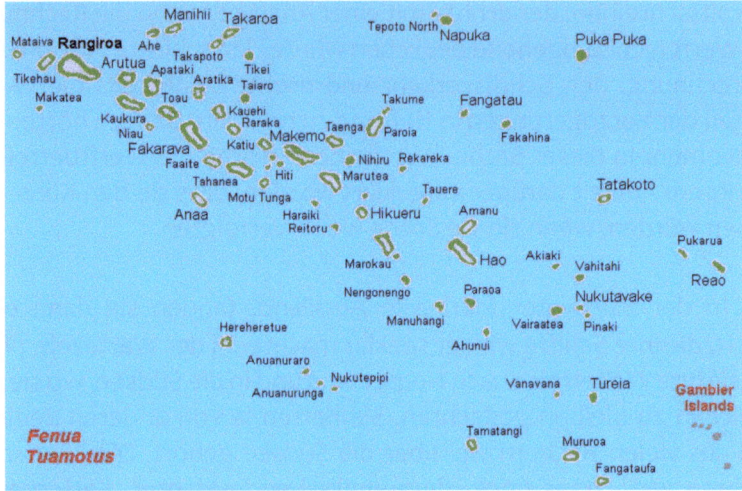

Die Ansammlung der kleinen Inseln und Atolle im südlichen Pazifik, Französisch-Polynesiens, zwischen 15 Grad Süd und 140 Grad West, ist ein selbständiger Staat, untersteht aber der Außenvertretung von Frankreich.

Historisches aus Wikipedia:

Das polynesische Dreieck stellt eines der größten zusammenhängenden Siedlungsgebiete der Erde dar. Die Art und Weise, sowie der Zeitrahmen der Besiedelung Polynesiens durch seine ursprünglichen Bewohner, ist bis heute nicht abschließend geklärt. Wahrscheinlich wird eine eindeutige Klärung auch nicht mehr möglich sein, da viele Zeugnisse der alten polynesischen Kultur unwiederbringlich verloren sind.

Der Völkerkundler Thor Heyerdahl hat gezeigt, dass eine Besiedlung Polynesiens theoretisch auch von Osten her möglich gewesen

126

wäre. Mit der Kon-Tiki, einem Floß aus Balsaholz, wie es schon die Ureinwohner Perus an der Westküste Südamerikas bauten, ist Heyerdahl 1947 von Südamerika bis zum polynesischen Tuamotu-Archipel vorgedrungen. Nach Ansicht des Forschers begünstigte der Humboldtstrom sowie die vorherrschenden Winde den Seeverkehr von Ost nach West. Deshalb sei eine Besiedlung von Osten genauso wahrscheinlich, wie die von West nach Ost. Heyerdahl hat allerdings keinen anthropologischen oder genetischen Beweis für seine Thesen geliefert. Eine vom amerikanischen Kontinent ausgehende Besiedlung Polynesiens gilt deshalb heute in Forscherkreisen als äußerst unwahrscheinlich.

Eine in den letzten Jahren von vielen Wissenschaftlern geteilte Auffassung ist, dass bereits um 4000 v. Chr., seefahrende Völker aus Südostasien, die sogenannten Austronesier, damit begonnen hätten, sich über die Inselgruppen des westlichen Pazifik stetig Richtung Osten auszubreiten. Über die Salomon-Inseln hätten sie um 1100 v. Chr. Tonga und Samoa erreicht. Auf Grund einer stetig wachsenden Bevölkerung und den daraus entstehenden Konflikten um Siedlungsland, wären Gruppen von ihnen immer weiter gen Osten gezogen und hätten um 300 v. Chr. die Marquesas-Inseln erreicht. Es wird postuliert, dass die weitere Besiedlung des polynesischen Dreiecks fortan ihren Ausgangspunkt auf den Marquesas hatte: Man nimmt an, dass die Polynesier von dort aus um 300 n. Chr. die Osterinsel erreichten, um 400 n. Chr. nach Hawaii gelangten und um 1000 n. Chr. in Neuseeland Fuß fassten.

In einem neueren Forschungsansatz wird die Gendrift bei Schweinen auf deren Ausbreitung hin untersucht. Forscher schlossen aus Untersuchungen an lebenden, sowie den ausgegrabenen Überresten toter Schweine, dass die Hausschweine der Siedler aus dem heutigen Vietnam stammen. Von dort zogen sie mit den Bewohnern über Flores und Timor und breiteten sich dann in zwei unterschiedlichen Routen aus. Eine nördlichere verlief über die Philippinen und die

127

südliche in Richtung Polynesien. Bis vor kurzem konnten für keine dieser Annahmen weitere wissenschaftliche Belege geliefert werden, welche die eine oder andere Theorie ausreichend hätten stützen oder widerlegen können. Weder der Vergleich von Sprachen und Dialekten, die Untersuchung ethnischer Eigenarten der Bevölkerungsgruppen, die Einordnung der wenigen archäologischen Funde, noch der Versuch, anhand des Vorkommens der vom Menschen in diesen Lebensraum eingeführten Nutzpflanzen und Tierpopulationen, auf die genauen Wege der Besiedlung zu schließen, hatten eindeutige Beweise für die eine wie die andere Theorie ergeben.

Erst 2008 veröffentlichte ein Team um Jonathan Friedlaender eine Studie, die anhand von menschlichen Erbgutuntersuchungen Belege für die erste Theorie (Besiedelung aus Taiwan) bringt und andererseits eine Besiedlung über Melanesien unwahrscheinlich erscheinen lässt. In der Studie wurde festgestellt, dass von den etwa eintausend genetischen Proben verschiedenster polynesischer Regionen kaum Anzeichen auf eine Vermischung mit Melanesiern zu finden sind, wie sie bei einer Wanderung über Melanesien wahrscheinlich wären.

Im Oktober 2008 brach von den Philippinen aus, die Lapita-Expedition mit dem Ziel auf, mit Katamaranen nach historischem Vorbild sowie mit den Navigationsmethoden der Polynesier den Besiedelungsweg Polynesiens nachzufahren. Der Weg führte von den Philippinen über die indonesischen Molukken-Inseln, entlang der Nordküste Neuguineas, durch den Archipel der Salomonen bis zu den Inseln Tikopia und Anuta, wo die beiden Katamarane der ortsansässigen Bevölkerung als Geschenk übergeben wurden. Die Theorie, dass die Besiedelung Polynesiens aus dem asiatischen Raum stattgefunden haben könnte, wurde damit untermauert.

Soweit die Texte als Teilauszüge von Wikipedia, wer mehr wissen möchte: https://de.wikipedia.org/wiki/Polynesien.

128

Kapitel 12

Das Reitoru-Atoll-Französisch-Polynesien

Tuamoto Archipel 17° 52' S, 143° 4' W

Sibylle, Sina, Jan und Werner konnten sich von der Südseeinsel, auf der sie zufällig wegen einer Reparatur am Rigg gelandet waren, nicht trennen. Die Insel bot alles, was man zum Leben benötigte. Palmen säumten die Ufer, eine üppige Vegetation beherbergte zahlreiche Vogelarten. Es gab an verschiedenen Stellen ein paar kleinere Quellen, die man nutzen konnte. Werner hatte die Idee gehabt, einen kleinen Teich einzurichten. Dazu staute er mit einer Mauer ein kleines Bächlein auf, sodass mitten in der Idylle ein wunderschöner Süßwasser-Badeteich entstand, der sich durch den Wasserzulauf selbst reinigte. Inzwischen lebten sie nun schon fast ein halbes Jahr hier zusammen mit Sina und Jan und fingen an, sich an Land einzurichten.

Vor allem bei den beiden Frauen kam das Nestbau-Syndrom verstärkt zum Vorschein. Besonders Sibylle drängte Werner, wenigstens für eine gewisse Zeit sesshaft zu werden, denn ihre biologische Uhr tickte immer lauter. Bei Werner brach in der Südsee-Idylle ein gewisses jägerisches- und handwerkliches Gen wieder durch, das er, wie es schien, von seinen steinzeitlichen Urahnen geerbt hatte. Das dokumentierte sich in seinen erfolgreichen Fischfängen. Nebenbei bastelte er schon seit Monaten an einem Baumhaus, das wie er sagte, eher dem Zeitvertreib diente, als dass es irgendeinem Nutzen zugeführt werden konnte, doch seine Augen leuchteten bei jedem kleinen Fortschritt, den er handwerklich erzielte.

„Sibylle", sagte er zu seiner Frau, „bald ist es fertig, dann feiern wir Einweihung."

„Und dann", fragte sie zurück, „willst du es dann verkaufen?"

„Nein, äh, weißt du, mir gefällt es hier, warum sollen wir nicht eine Zeitlang bleiben, wir könnten vielleicht auch mal endlich an Kinder denken, die wünscht du dir doch schon sehr lange."

Sie fiel ihm ohne ein Wort zu sagen mit Tränen in den Augen um den Hals.

„Meinst du das wirklich?",

„Ja, jetzt oder nie mehr."

„Aber dann müssen wir uns hier schon für ein paar Jahre einrichten."

„Na und, wir haben hier alles was wir benötigen und was fehlt, kaufen wir zu. Ein bis zweimal im Monat kommen die Versorgungsschiffe in der Nähe durch, wenn wir rechtzeitig bestellen, segeln wir in ihre Route zur nächsten Insel, die sie ansteuern und holen uns die Ware ab."

„Ich habe gehört, dass es inzwischen auch kleine Versorgungsflugzeuge gibt. Die sind zwar teuer, aber wenn man mal zum Arzt muss, unersetzlich", bemerkte Sibylle, „und zur Entbindung will ich in ein richtiges Krankenhaus gehen."

„Na klar, wir haben ja diese Zusatzversicherung für Notfälle abgeschlossen, dass sollte kein Problem sein."

„Gut, dann werden wir bald mit Sina und Jan darüber sprechen."

130

„Am besten sofort, gleich heute Abend", machte Werner nun einen Knopf drauf.

Auch Jan hatte seine Erfolge beim Fischfang wesentlich verbessert, aber selbst Sina und Sibylle holten so manchen Fisch schnell mal aus dem Wasser in den Kochtopf. Als sie dann beim Nachmittagskaffee zusammensaßen, lenkte Sibylle das Gespräch wieder auf ihren Kinderwunsch.

„Werner und ich beabsichtigen uns Kinder anzuschaffen. Für mich wäre es allerhöchste Zeit und eigentlich möchte ich nicht mehr länger damit warten."

„Na ja", meinte Jan", für euch ist das eine gute Entscheidung, die Insel ist fast unbewohnt, hat eine gut befahrbare Boots-Passage in das Atoll und die Nachbarinseln für die Versorgung, liegen auch nicht allzu weit weg." Doch der Praktiker Werner mahnte an:

„Jan, du weißt ja, die Fahrrinne in die Lagune ist nicht tief genug, wir sind zwar durch den niedrigen Tiefgang unserer Katamarane in die Lagune hineingekommen, doch langfristig brauchen wir eine sichere Einfahrt, die wir bei jedem Wasserstand befahren können."

„Da hast du recht, ich habe mir das auch schon überlegt, doch wie wollen wir das bewerkstelligen, wir können doch nicht mit dem Spaten da herumhantieren."

„Na lass mal, mir fällt da schon noch was ein", meinte Werner.

Ein leichter Luftzug wehte über die niedrigen Hügelketten, die das Atoll umschlossen. Die Palmen wiegten sich im sonnendurchfluteten Glitzern der anstürmenden leichten Seen, die sich am Korallenriff brachen und öffneten immer wieder neue Sichtfelder, über die man auf den weiten tiefblauen Pacific hinaussehen konnte.

„Dann werden wir wohl unsere Weltumsegelung ohne euch fortsetzen müssen", warf Sina ein und Werner meinte:

„Wir sind ja nun schon eine paar Jahre länger >on Tour< und alles hat seine Zeit, ich hatte meiner Frau schon lange versprochen, eine Segelpause einzulegen und ich finde, dass hier der richtige Platz dafür ist."

„Hast du deshalb das Baumhaus gebaut?", fragte Jan.

„Nein, da muss wohl bei mir das Unterbewusstsein mitgeholfen haben, ich habe mal im Internet recherchiert und herausgefunden, dass diese Inseln bei einem Tsunami, wie er vor kurzem über Papua-Neuguinea hinweggefegt ist, auch uns erwischen könnte. Die Flutwelle hat damals auf Neuguinea 2000 Menschen das Leben gekostet", erklärte Werner.

„Ja, das kann auch uns hier treffen", das sehe ich ein, „ich frage mich nur, wie wir in einem solchen Fall unsere Schiffe retten könnten. Wenn hier eine Flutwelle von zehn Meter oder höher über das Atoll rauscht, werden unsere Schiffe über die Korallenriffe hinaus aufs offene Meer geschleudert", erwiderte Jan. Die Frauen hörten diesem ernsten „Männergespräch" erstaunt, aber doch sehr schweigsam und nachdenklich zu. Sibylle dachte so für sich, was wohl in einem solchen Fall, aus ihrer erst langsam Gestalt annehmenden Familienplanung werden sollte und fragte:

„Sagt mal, können wir im Ernstfall in deinem Baumhaus überleben?"

„Das glaube ich schon, und ich glaube sogar, die Tsunamigefahr war ja auch ein Grund es zu bauen, es liegt immerhin zwanzig Meter über dem Meeresspiegel", antwortete Werner.

„Gut", meinte Jan, „die Kats wären aber nicht zu retten."

„Nee, es hängt alles davon ab, ob wir rechtzeitig erfahren, wenn es im pazifischen Raum ein Erdbeben gibt. Ich hatte mir gedacht, dass wir eine direkte Datenleitung zu einem Erdbebenzentrum aufbauen sollten."

„Das haben wir doch schon auf unseren Kats", erklärte Jan.

„Ja schon, doch wie wir wissen, haben wir Offshore mit den Kats eine größere Überlebenschance, immer vorausgesetzt, dass wir rechtzeitig hier wegkommen."

„Das heißt also, wenn ihr hierbleiben möchtet, musst du in deinem Baumhaus eine Internet-Basisstation mit Solarenergieversorgung aufbauen."

„Das muss ich sowieso, wir können nicht wegen jedem Bier zum Kühlschrank auf unseren Kat, in die Lagune rausfahren."

132

„Also gut, Sina, was meinst du, können wir noch so lange bleiben, bis diese Inselbasis aufgebaut ist?"

„Ich denke schon, vielleicht wollen wir auch bald mal Kinder haben, dann könnten wir hierher zurückkommen. Mir gefällt es hier eigentlich auch sehr gut, die Inseln haben ein angenehmes Klima, ich kann hier genauso gut arbeiten wie in Offenburg, und schau mal dieses herrliche Panorama, die Sonnen auf- und -untergänge und das Schönste ist der Zustand der Natur. Der Gesang der zahllosen Vögel, die lebendigen Farben, der grandiose Ausblick in die Weite der See, sie übt auf mich etwas Beruhigendes aus."

„Da hast du recht, Sina, ich möchte hier auch nicht mehr weg. Dieses gleichmäßig warme Klima, wenn ich da an die schmutzigen Herbst- und Wintertage zuhause denke, wird mir ganz schlecht. Hier gibt es keinen Winterblues und wenn wir Lust auf Schnee haben, fliegen wir in die USA zum Skifahren."

Sie hatten sich von den Einheimischen einfache, aber sehr formschöne Korbmöbel flechten lassen und abends saßen sie dann bei einem Sundowner alle beisammen und kamen auf das Thema vom Mittag zurück.

„Also gut Ruth und Werner", sagte Jan, „damit ist es beschlossen, wir werden uns hier eine Basis schaffen, die Kosten dafür teilen und vielleicht baust du für uns, während unserer Abwesenheit eine ,Zweitwohnung'. Ich bin ja nicht so gut im Häuser bauen und werde mich um die technischen Ausrüstungen kümmern. Außerdem müssen wir uns bei den Behörden anmelden. Ich kenne den momentanen Inselhäuptling Moinar, mit dem werde ich alles besprechen. "

„Weißt du Jan", sagte Werner, „ich habe mir überlegt, wie wir unsere Kats vor Stürmen schützen könnten. Beim Bau des Hauses habe ich schon bemerkt, dass es hier nicht viel gutes Holz gibt, wir müssten es importieren. Das ist zwar teuer, aber letztendlich einfacher. Damit könnten wir in der Lagune eine Spundwand errichten, hinter der wir die Kats festmachen können."

„Gute Idee, Werner, bestell mal schon das Material. Wenn es da ist, fangen wir gleich an, das muss so schnell wie möglich gebaut werden und zwar bevor wir abreisen."

„Ja, schon klar, wir haben aber ein Problem, die Spundwände müssen eingerammt werden oder wir graben sie an Land ein und heben dann einen kleinen Hafen aus."

„Ich habe eine bessere Idee, wir könnten uns eine Schlammpumpe besorgen, so wie sie die Wracktaucher benutzen um gesunkene Segel-Schiffe freizulegen."

„Jan, das wird aber teuer, ich glaube jedoch, das ist die beste Idee. Wir benötigen sowieso ein Stromaggregat und mit der Pumpe, können wir auch unseren kleinen Hafen von Schwemmsand freihalten und wenn nötig auch die Laguneneinfahrt vertiefen. "

Zu den Gesprächen mit dem „Inselhäuptling" Moinar ging dann Jan mit, denn sie waren übereingekommen, nichts im Alleingang und ohne die paar Inselbewohner zu unternehmen. Bei den Gesprächen stellte sich heraus, dass die Insulaner auch schon länger Bauholz benötigten, doch dafür fehlte ihnen das Geld. Als sie dann hörten, was die „Neuen" alles vorhatten, wollten sie natürlich auch „Strom aus der Steckdose" haben. Jan erklärte ihnen, dass für den Dauerbetrieb eine größere Solaranlage besser wäre. Damit könnte man durch Elektrolyse Wasserstoff herstellen, das „Abfallprodukt" wäre dann Wasser, das man trinken kann und mit dem Wasserstoff, könnte man einen Motor betreiben, der dann über einen Stromgenerator, den Strom für die Nacht, wenn keine Sonne scheint, liefern würde. Man hätte dann eine autarke Anlage, die nur auf der Sonnenenergie basiere und keinen Kraftstoff von außerhalb benötigt. Zur Unterstützung der Stromerzeugung in der Nacht, wollte Jan noch zusätzlich ein Windrad aufstellen. Außerdem sollte eine Satelliten-Anlage für den Internet- und den Fernsehempfang montiert und mit den Inselteilen verkabelt werden. Da die Insel keine größeren Wasserquellen hatte, versorgte sich die kleine Bewohnergruppe zusätzlich mit Regenwasser, das man in Zisternen auffing, wenn es von den Hügeln hinunter zum Meer lief. Leider regnete es in letzter Zeit seltener und die Zisternen waren oft leer.

„Moinar, wir können wohl die Technik besorgen und aufbauen, aber bei den Bauarbeiten müsst ihr uns helfen. Wir benötigen ein Betriebsgebäude aus Stahlbeton mit automatischen Lüftungs-klappen,

134

welche sich bei Hochwasser schließen, das kann Werner entwerfen. Zu den Inselcamps müssen Strom- und Wasser-leitungen eingegraben und verlegt werden", erklärte Jan den Leuten. Moinar sagte zu, eine Truppe zusammen zu stellen, wenn es soweit wäre. Indessen kamen Jan und Werner bedenken, ob sie die übernommene Aufgabe würden stemmen können, aber es war letztlich nur eine Frage von Zeit und Arbeitsleistung und Zeit hatten sie im Überfluss. *„Wenn man daran denkt, dass bei diesen Arbeiten bestimmt keine Langeweile aufkommen wird, erkennt man sehr schnell den hervorragenden Nebeneffekt und vor allem, dass es ein guter Plan ist"*, meinte Sina.

Draußen auf dem Meer zeigten sich zwei weiße Segel. Das Funkgerät, das an Land aufgestellt worden war, sprach auf Kanal 16 an. Werner, der gerade in seinem Bauhaus werkelte, hörte eine Anfrage bezüglich der Laguneneinfahrt ab. Die Schiffsbesatzung fragte auf geradewohl an, bei welcher Tide man gefahrlos passieren könne.

"This is Skipper Maren, can you help us, we want to enter the lagoon, over?"

Werner sah durch sein See Glas, erkannte aber nur einen Mann um die 55 Jahre, der am Ruder stand und was er noch sah, war eine niederländische Fahne am Heck des Schiffes. Deshalb antwortete er auf Deutsch:

„Hier ist Werner Sänger, die Einfahrt ist im Mittelwert 1,50 m tief, bei Niedrigwasser 1,00 m. Bei Hochwasser 2,40 m, erklärte er dem Anrufer, *„im Moment dürfte der Wasserstand bei zirka 1,80 liegen, ich würde aber an Ihrer Stelle motoren und das Groß wegnehmen, so für alle Fälle, denn hier kommen manchmal seitliche Böen auf, die das Schiff versetzen können."*

„Danke Werner", kam es zurück, *„bis gleich."*

Bei der Durchfahrt gab es dann doch ein kleines Problem. Der Tiefgang der Slup war doch etwas zu groß, so dass das Schiff am Rande der Durchfahrt auf Grund lief. Der Fehler war das stehengelassene Großsegel, sie hätten es einrollen müssen. Der Wind teilt sich in der Regel vor der Insel, die Wind-Strömung fließt daher außen um die

135

Insel herum schneller, doch das merkt man erst, wenn man sich in der Durchfahrt befindet. Jan und Werner machten ihr größtes Beiboot und das kleinere von Jan los und fuhren zur Laguneneinfahrt. Das Schiff, ein Langkieler mit schwerem Bleikiel, lag etwas auf der Seite und der Wind drückte es in Lee weiter auf den Korallengrund. Man einigte sich mit der Besatzung, zuerst einmal ein längeres Tau zur nächsten Palme, die in Luv zur Windrichtung stand, auszubringen. Henno und Maren, die Ankömmlinge, legten das Tau auf die Ankerwinsch und zogen ihr Schiff mit eigener Kraft wieder von dem abgestorbenen Korallenmulch herunter. Jan hatte inzwischen die Wassertiefe in der Fahrrinne gelotet und rief hinüber: „1,85 m in der Mitte der Einfahrt". Henno sagte:

„*Das reicht*", und fuhr, diesmal ohne Segel in die Lagune ein. Als sie dann in der Nähe der Kats vor Anker lagen, brachten sie ihr eigenes Beiboot zu Wasser und ruderten an Land. Man stellte sich vor und die beiden Niederländer Maren und Henno Maaßen fragten, ob sie ein paar Tage in der Lagune ankern dürften.

„*Wir sind schon länger hier und bisher hat sich niemand beschwert*", erklärte Werner, „*wir wollen noch ein Weilchen bleiben und haben uns mit den Insulanern geeinigt, eine Strom- und Wasserversorgung aufzubauen. Die Bauteile sind schon bestellt und wenn alles hier ist, legen wir los.*"

Maren sah Henno fragend an, der nickte und fragte spontan:

„*Wir ziehen schon sehr lange über die Weltmeere und überlegen irgendwo eine Zeitlang sesshaft zu werden. Wie sieht es aus, wir könnten doch an eurem Bauvorhaben mitarbeiten? Leider haben wir nicht genug Geld, um uns an den Materialkosten zu beteiligen, doch arbeiten haben wir gelernt.*"

„*Jetzt kommt erst mal an, wir sollten uns zunächst einmal etwas besser kennenlernen, dann sehen wir weiter*", meinte Werner.

Bald hatte Jan den Plan fertig, Moinar regelte das Projekt mit den Behörden, eine Firma für technische Ausrüstungen in Deutschland wurde nach Einholung von Angeboten, mit der Lieferung der

Anlagenbauteile beauftragt. Jan flog mit Sina für ein paar Wochen in die Heimat und begleitete die Arbeiten in der Herstellerfirma, während sich Sina bei ihrem Verlag nützlich machte. Dabei erwarb er das technische Knowhow, welches für den Aufbau und die Wartung der Anlage auf der Insel benötigt wurde. Währenddessen begannen Werner, Henno und die Inselbewohner mit der Verlegung der Leitungssysteme. Ein Nebeneffekt ergab sich indessen auch noch. Die kleine Bevölkerungsgruppe hatte bisher ihre Fäkalien mit einem älteren Boot aufs Meer hinausgefahren und dort entsorgt. Das machte bei der nun doch schon auf zirka 25 Personen angewachsenen Bevölkerung immer mehr Probleme. Deshalb entschloss man sich zusätzlich noch zwei Biokläranlagen zu errichten. Eine größere für die einheimischen Inselbewohner und eine kleinere für die europäischen Segler. Die hatten sich an ihrem Standort ein „Plumpsklo" errichtet, dass sie nach einiger Zeit zuschütteten und dann wieder eine neue Grube aushoben. Wenn die Fäkaltanks auf den Kats voll waren, entsorgte man sie bei kleinen Segelausfügen in der näheren Umgebung im Ozean. Maren und Henno zeigten sich bei den Erdaushubarbeiten bald als unverzichtbare Hilfe und als die Leitungen verlegt waren, begannen Werner und Henno die Fundamente für die technischen Gebäude zu betonieren. Wie sich herausstellte, war Henno in seinem „ersten Leben" Inhaber einer kleinen Baufirma gewesen. Als ihre Kinder erwachsen waren, hatten sie alles verkauft und waren losgesegelt. Langsam war ihnen jedoch das Geld ausgegangen. Zusätzliche Einkünfte erzielten sie über Mitsegler, was im Monat etwas über Tausend Euro in die Bordkasse spülte. Nun ergab sich plötzlich die Möglichkeit bei den Bauarbeiten etwas dazu zu verdienen. Werner und Jan waren froh, einen Fachmann für die Bauarbeiten im Team zu haben und bezahlten diese Leistungen gern, denn man konnte nicht erwarten, dass die Holländer umsonst arbeiteten, zumal sie ja vorhatten bald wieder abzulegen. So gingen die Arbeiten munter voran. Nachdem die Anlage in Betrieb gegangen war, entstanden noch zwei weitere Baumhäuser. Allerdings war Henno der Ansicht, dass man die Statik der „Gebäude" noch verbessern musste, denn einem Hurrikan würden sie nicht standhalten können. Deshalb goss er an geeigneten

137

Stellen Anker-Fundamente und sicherte die Häuser mit Stahlseilen ab. Auch der geplante Hafen konnte fertiggestellt werden. Jan hatte Werner und Henno in den Betrieb der Strom- und Wasserversorgung eingewiesen, und auch Moinar, der Insel-häuptling hatte sich schon während der Bauarbeiten intensiv mit der Technik beschäftigt. Im Notfall konnte Jan über das Internet helfen, oder kurz eingeflogen werden, falls die Anlage mal ausfiel. Die Vertiefung der Laguneneinfahrt gestaltete sich jedoch als fast undurchführbar. Sie hatten zunächst mit ihren Schlammpumpen eine 20 Zentimeter dicke, abgestorbene Korallenschicht entfernen können, doch der weitere Untergrund erwies sich als zu hartes vulkanisches Tuffgestein, um einfach so weggeräumt zu werden. Um das zu bewerkstelligen musste man sprengen, oder ein Baggerschiff anfordern. Beide Lösungen waren nicht machbar, weil sich Sprengungen von selbst verboten und Baggerschiffe nicht zu finanzieren waren.

Doch die Lösung lag so nahe, da stolperte man fast darüber und sie kam von Moinar. Er murmelte in seinem katastrophalen Englisch vor sich hin: „There plow is trenches, we take must." (Dort Pflug ist Graben, wir nehmen muss.) Ein paar Tage später verankerten sie eine Seilwinde am Ufer und zogen den mit einer Lage Steinplatten beschwerten Pflug, den sie zum Ausheben der Leitungsgräben gebaut hatten, an einem langen Seil durch die Laguneneinfahrt hin und her. Jan überwachte und steuerte die Arbeiten unter Wasser mit seinem inzwischen angeschafften Flaschen-Tauchgerät und bald war eine tiefere Fahrrinne freigelegt. Das Abräumen des toten Korallenmaterials und des Tuffgesteins, erledigten dann die Männer der Insulaner, die im Tauchen geübter waren, als die Europäer.

Sina und Jan waren ein gutes Paar geworden und liebten es, in die Einsamkeit zu flüchten, sie genossen die unfassbare Dunkelheit in manchen wolkenverhangenen Nächten. Die geisterhafte Atmosphäre, die nachtschwarzen Silhouetten der Palmen, das Zirpen der Zikaden und die Erzählungen, der verschiedenen Vogel- und

138

Papageienarten, die hier seit Jahrtausenden lebten und die Geschichten ihrer Vorfahren, immer wieder ihren Vogelkindern weitererga-ben. Sie verehrten geradezu die klaren, sternenhellen, warmen Wundernächte in den Tropen. Dann lagen sie mit ihrem Kat am Morgen an der Ostseite der Insel vor Anker und genossen den Sonnenaufgang, der sich in unglaublich zarten Farbnuancen über der glatten See ankündigte. Zuerst war da noch das Schattenspiel der näheren Umgebung, dass sich wie ein Scherenschnittmuster, von dem heller werdenden Hinter-grund abhob. Die Wolken wurden von hinten schon leicht von der Sonne erhellt, versteckten sich aber immer noch unter dem Horizont. Vom Betrachter aus gesehen, stellten sie sich rabenschwarz dar, wirkten wie eine dem Maler auf dem Papier verlaufene schwarze Tusche. Dann kam sie langsam immer heller werdend, den Himmel grau färbend über den Horizont. Plötzlich wurde es an der Kimm lichter und heller, der Himmel färbte sich zitronengelb, dann rosa und plötzlich war sie silberhell da. Erst als kleine Sichel, schaute sie mal nach, ob die Menschen noch schliefen? Oder, wollte sie sich noch ein wenig hinter dem Meeresdunst verstecken? Doch dann entschloss sie sich, machtvoll ihre volle Kraft und Stärke zu entfalten. Ein Strahlenbündel schoss hervor, der kleine Wicht Mensch, musste das Gesicht vor der Größe der Lebensspenderin abschatten, wollte er sein Augenlicht erhalten. Und doch, sie hatte ihn ja hervorgebracht, zum Leben erweckt, gewärmt und ernährt. Kein Wunder, wenn sich die Ureinwohner inspirieren ließen, sie anbeteten und verehrten, ja zu ihrem Gott machten, wie es schon die Ureinwohner Amerikas und die alten Ägypter getan hatten und sie aus purem, strahlendem Gold nach-bildeten. Oft genug versuchten sie ihre Gottheit mit Menschenopfern zu versöhnen, wenn sie in ihrem Zorn die Früchte der Erde verdorren ließ, weil ihre Geschöpfe gesündigt hatten. Jedenfalls waren die Priester immer dieser Meinung gewesen und damit lagen sie gar nicht so falsch. Wenn es kein anderes Wesen gibt, das man Gott oder den Weltenschöpfer nennen kann, dann muss man zwangsläufig die Sonne als Lebensspenderin, die Wärme und Nahrung gibt, anbeten.

Gern schnorchelten sie hinter dem Riff in den Korallengärten. Nach Aussage von Moinar, hatten sich schon mal Riffhaie gezeigt, waren aber bisher nicht in die Lagune hineingeschwommen. Vermutlich, weil die Durchfahrt nicht sehr tief war, und durch Ebbe und Flut, ständig eine starke Strömung herrschte, die man nicht unterschätzen durfte. Die lange Dünung von der See herkommend, donnerte als gurgelndes Wasser in die Korallenriffe beiderseits der Durchfahrt. Damit hatten ja die Holländer bei ihrer Ankunft schon reichlich Bekanntschaft gemacht. Gewiss, unter-schätzen durfte man die Haigefahren nicht, aber, wenn man sie nicht provozierte, verhielten sie sich eigentlich friedlich. Moinar erklärte ihnen aus den jahrhundertelangen Beobachtungen und Erfahrungen seiner Vorfahren, dass Riffhaie eigentlich nur ihr Jagdrevier gegen Eindringlinge verteidigen.

Die Strömung entsteht durch den Wasseraustausch, der wiederum von den Gezeiten verursacht wird. Dadurch entsteht in der Lagune kein Brackwasser, das ist eine Durchmischung von Süß- und Salzwasser oder ein zu hoher Salzgehalt des Meerwassers, die meistens durch Verdunstung entsteht. Die Korallen erhalten so neue

140

Nährstoffe und das „Abwasser" wird bei Niedrigwasser aus der Lagune entfernt. Ein ewiger Kreislauf der Natur, ähnlich dem in den Wattenmeeren, wo der Austausch auch durch Ebbe und Flut stattfindet.

Riffhaie, die Polizei der Weltmeere

Die Korallengärten hinter dem Riff luden sie gern zum Schnorcheln und zur Jagd ein, denn der Fischreichtum war so gewaltig, dass man ohne ein schlechtes Gewissen zu bekommen, den einen oder anderen für den Küchentisch mitnehmen durfte. Die Ausdehnung des Atolls, betrug zirka 5 x 3 Kilometer, sie hatten sich südlich der Laguneneinfahrt „niedergelassen". Natürlich hatten sie vorher den Inselhäuptling Moinar kontaktiert, der hatte ihnen freundlicher-weise erlaubt, diesen Teil zu nutzen. Allerdings durften sie die natürlichen Verhältnisse nicht allzu sehr verändern, darauf legte man viel Wert. Nachdem sie die kleine Insel unter Mithilfe der Einheimischen technisch aufgerüstet hatten, gestattete man ihnen die Nutzung der ganzen Fläche südlich der Laguneneinfahrt. Auf dem zirka 1,8 Kilometer langen Inselstreifen standen in etwa 300 bis 400 Kokospalmen. Um die Nutzung war früher nie gestritten worden. Inzwischen verkaufte man die überschüssige „Ernte" an Aufkäufer, die alle paar Wochen die Insel besuchten. Die brachten dann bestellte oder allgemein benötigte Waren als Verrechnungsbasis mit. Allerdings durften alle Bewohner ihren Eigenbedarf decken und sie gehörten nun dazu. Auf dem 50 bis 200 Meter breiten urwaldähnlichen Streifen, wuchsen auch wilde Papayas, Ananas und Bananen, die aber zum Verzehr nicht geeignet waren. Deshalb hatten die Frauen sich Zucht-Setzlinge kommen lassen und in kurzer Zeit konnten sie auch den Eigenbedarf an Früchten selber decken.

Brotfrucht

142

Die Brotfrucht wächst an den Bäumen, und einst schickte der englische König Georg der III. Lt. William Bligh mit seiner berühmten Bounty nach Polynesien, um Setzlinge der Brotfruchtbäume von Tahiti zu den Westindischen Inseln zu bringen. (So nannte Kolumbus die heutige Karibik, als er dort 1492 an Land ging, weil er annahm in Indien gelandet zu sein). Wie die Fahrt der Bounty endete, ist den meisten Menschen ja durch den US-Film: „Die Meuterei auf der Bounty" bekannt. Man wollte die Bäume zur Ernährung der Plantagensklaven in der Karibik anpflanzen. Doch auch mit dem einheimischen Taro, ein Krautgewächs, konnte man gute Eintöpfe machen, allerdings nur mit Dosenfleisch, denn Rinder standen nicht zur Verfügung und Schweine hielten sich die Einheimischen nur für den Eigenbedarf. Allerdings fiel auch für sie das eine oder andere Fleischstück ab, wenn wieder mal geschlachtet wurde. Zum Trinken gab es genügend Kokosnusssaft von den „Trinknüssen", wie sie die Einheimischen nannten, der hervorragend schmeckt, überhaupt, wenn man ihn mit ein wenig Wodka oder Gin „verlängert". Das Kokosnussfleisch kann man raspeln, in einer Schüssel mit Wasser bedecken und eine Stunde später auspressen. Danach kann man die Kokosmilch, anstatt Sahne aus Milchproduckten, zum Kochen verwenden.

Taro

143

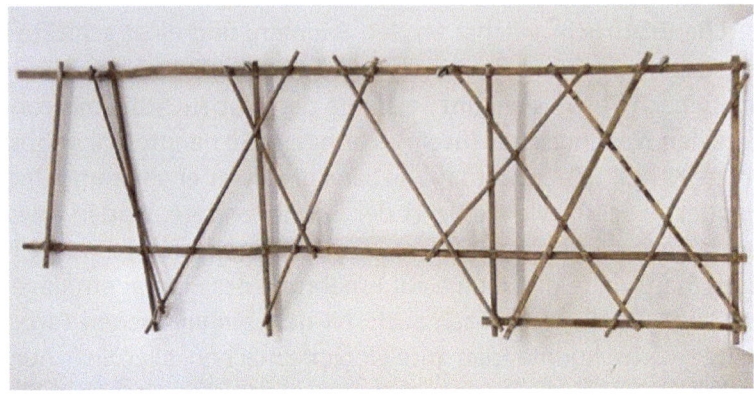

Eine der berühmten Stabkarten, mit deren Hilfe die Polynesier früher navigierten. Die Stäbe zeigen Wind- und Wellen-richtungen an. Die kleinen Kaurimuscheln an den Kreuzpunkten die Inseln. Sie beherrschten die Kunst nach den Sternen und den Wellen ihr Ziel auf dem Wasser zu finden. Es ist schon länger bekannt, dass zirka alle fünf Minuten eine größere Welle immer aus der gleichen Richtung anläuft, nach der man sich orientieren kann. Hauptsächlich orientierten sie sich aber am Sternenhimmel. Dazu gehört natürlich ein sehr gutes Gedächtnis, man muss auch genau wissen, welche hellen Sterne den Himmelsbogen vom Aufgang am Horizont, bis zum Untergang im Meer, in der gewünschten Richtung ihre Kreise am Himmel ziehen, dann ist es eigentlich leicht ihnen zu folgen. Einige Dinge, die damals in der Naturnavigation galten, sollte man im Zeitalter der GPS-Geräte weiterhin beachten. Das Vögel vom Land herkommen und auch dorthin zurückfliegen. Die meisten Vögel. auch die Tölpel fliegen tagsüber bis zu 20 Kilometer zum Fischen aufs Meer hinaus und gegen Nachmittag wieder zu ihren Inseln zurück. Bei klarem Himmel bilden sich über Land und Inseln Wolken, Blätter und Pflanzenreste kündigen ebenso die Nähe des Landes an, dies alles ist auch schon lange den europäischen Seeleuten bekannt.

Leider hat sich der Wickelrock der Insulaner nicht gehalten. Der Mann trägt heute Bermudashorts, die Frauen kleiden sich „leider" auch immer mehr nach internationaler Mode. Die alten Traditionen, zum Beispiel die Tätowierungen, werden allerdings weiter gepflegt und auch die wunderschönen Blumengebinde im Haar werden gern getragen, besonders, wenn man einen Partner sucht. Die Inselschönheiten machten nie ein Hehl daraus, sich auch mit Europäern einzulassen, sie erhofften sich dadurch mehr Vielfältigkeit in das einsame abgeschiedene Inselleben zu bekommen. Natürlich wollten auch sie die weite Welt einmal kennenlernen und im Unterbewusstsein der Naturvölker, besteht seit jeher der Wunsch, nach genetischem Austausch.

Der Oktopus hat sich unsichtbar gemacht. Ständig passt er seine Hautfarbe der Umgebung an, eine Mimikry, die ihn perfekt vor seinen Fress-Feinden schützt.

Ein junger Schweizer Verkehrspilot, der mit dem Flugzeug in Hikueru gelandet war, hatte sich in Jaimia „Ich liebe", auf Polynesisch) verliebt. Jaimia war zufällig mit anderen nach Hikueru gesegelt

145

und brachte ihn kurzerhand „mit zu sich nach Hause". Die beiden gründeten dann auf Reitoru eine Familie, dafür hatte er seinen Beruf aufgegeben und lebte nun mit seiner Familie wie ein eingeborener Insulaner. Das Einzige was er vermisste war seine Fliegerei, doch das sollte sich bald durch einen außerordentlichen Zufall ändern.

Den hier, haben sie „Schmunzelfisch" genannt, weil er so intelligent und allwissend schaut. Er hat einen besonderen Trick drauf. Hinten befindet sich noch ein Pseudo-Auge. So wissen seine Feinde nie, nach welcher Seite er flüchtet.

146

Die Artenvielfalt der Korallenbänke,
sind eins der schönsten Naturgeschenke.
Die Meere sind kein Privateigentum, drum,
bewahrt der Nachwelt dieses Heiligtum.

Rei©Men 2017

Langsam war die Zeit für die Abreise von Sina und Jan gekommen. Der Abschied fiel schwer, aber die Fernsucht der beiden war größer, doch sie versprachen über WhatsApp und E-Mail, den Kontakt aufrechtzuerhalten und bald zurückzukommen. Außerdem hatten sie ja versprochen, Ruth und Bernd Jäger bei der Suche nach den verschwundenen Schätzen der Leipziger Parteileitung, in Argentinien behilflich zu sein.

Kurz nach der Abreise von Sina und Jan war Ruth schwanger geworden. In den ersten Wochen war alles in Ordnung und ganz normal, wie sie erklärte, doch ihr Bauchumfang nahm sehr schnell und ungewöhnlich stark zu. Werner bestand darauf, dass sie sich in einer Klinik auf Papeete untersuchen lassen sollte, forderte einen Insel-Hopper an und flog selbst mit. Er hatte einen Termin vereinbart und war mit dem Flugzeugführer übereingekommen, dass sie, wenn möglich in den nächsten Tagen zurückfliegen konnten. Am Empfang der Klinik kam ihnen eine Hebamme entgegen, schaute sich den Bauch kurz an, und erklärte, das sind bestimmt Zwillinge. Ruth fiel aus allen Wolken, doch Werner erklärte:

„Prima, das ist ja dann ein Aufwasch."
Ruth war nicht so begeistert und ließ das auch heftig raus:
„Na, du musst sie ja nicht kriegen."

Die Ultraschalluntersuchung bestätigte die erste „Diagnose" der Hebamme und ansonsten war auch alles in Ordnung. Der behandelnde Arzt verlangte jedoch, dass sie sich mindestens vier Wochen vor dem Geburtstermin in der Klinik wieder einfinden sollten. Die beiden versprachen rechtzeitig anzureisen und suchten sich für die erste Zeit nach der Entbindung auf Papeete eine kleine Wohnung. Als Ruths Stunde näherkam, flogen sie mit einer Chartermaschine nach Papeete und zogen in die möblierte Wohnung ein. Allerdings wurde der „Platz" in Ruths Bauch schnell enger, so dass sie sich mehr in der Klinik aufhielten als in ihrer Wohnung. Und dann war es plötzlich soweit, die Zwillinge wollten endlich ihre Eltern begrüßen. Mädchen sind ja oft schneller und so kam Ingrid als erste und Ralf eine Stunde später auf die Welt. Die glücklichen Eltern konnten sich nicht satt sehen an dem gelungenen Nachwuchs und freuten sich unglaublich auf das künftige Zusammenleben in der Familie.

Insel Hopper Foto: Pixabay

Werner hatte sich als Tischler versucht und dabei waren ihm diese wunderschönen Liegemöbel gelungen. Rechts der Babystall, wo Ingrid und Ralf die zweieiigen Zwillinge, den Muschelkalk und den Korallensand genauestens untersuchen konnten. Werner hatte begonnen, ein größeres, ebenerdiges Wohnhaus zu errichten und machte dabei gute Fortschritte.

148

Foto: Pixabay

Als Dank für die neue Strom- und Wasserversorgung der einheimischen Inselbewohner, halfen alle beim Hausbau mit, so, wie es ihre Vorväter und Mütter schon zu Urzeiten getan haben, wenn eine neue Familie eine Behausung benötigte. Die Fundamente betonierte Henno, das Balkenwerk und das Dach wurden unter Anleitung von Werner erstellt und das Ergebnis war ein besonders gut gelungenes Wohn- und Gästehaus im Stil der Einheimischen. Die Behausung war allerdings sehr groß ausgefallen, jedoch hauptsächlich für den allgemeinen Tagesablauf vorgesehen. Das Gebäude hatte einen Zugang von der Landseite, doch die Terrassen lagen zur Lagunenseite hin. Geschlafen wurde aus Sicherheitsgründen weiterhin in den Baumhäusern, doch das tägliche Leben fand nach der Fertigstellung des Gebäudes unten am Wasser statt.

Der Vorteil lag darin, dass jede Familie einen eigenen intimen Rückzugsraum hatte. Ein weiterer Vorteil ergab sich bei Besuchen und den inzwischen regelmäßigen Besprechungen, die Moinar veranlasste, um Probleme zu besprechen, die dem im allgemeinen, guten Zusammenleben aller Inselbewohner dienten.

149

Wohn- und Gästehaus: Bilder von Seacology Germany – Seacology Germany, CC BY-SA 3.0, https://commons.wikimedia.org/w/index.php?curid=22769029

Google: Insulanerinnen posieren und tanzen mit ihren traditionellen Baströckchen für den Tourismus.

Man traf sich oft zum Tanz und Spiel, denn die kleine Gemeinschaft hatte eine schöne, kleine Musikantengruppe, mit Gitarristen und traditionellen Musikinstrumenten, wie Steelband, Rasseln und Marimbaphon zusammengestellt. So mischten sich zuweilen die Europäischen- mit den Südseeklängen zu einem harmonischen Concerto Grosso. In den warmen Nächten der Südsee, wurde nicht so viel geschlafen wie in Europa. In dem milden Tropenklima erwachte das Leben erst richtig, wenn die Hitze des Tages nachließ. Das Leben begann in den Abendstunden und nach Einbruch der Dunkelheit, man nutzte die warmen Nächte zum geselligen Zusammensein, schaute aufs Meer hinaus und ließ die Tagesereignisse noch einmal Revue passieren, oder zog sich diskret für intime Stunden zurück. Der Sternenhimmel, von Staubpartikeln und Lichtverschmutzung ungetrübt, ermöglichte einen klaren Blick in den unendlichen Weltraum. Den weltweit verbreiteten Wortstamm „Arbeit" gab es auf polynesisch nicht, weil man jede Tätigkeit mit großer Freude verrichtete. Man empfand die täglichen Beschäftigungen als Genuss und Lebensfreude und nicht als Belastung.

Sommerliebe

Wie lieb sind ihre Augen,
so glänzend wunderbar,
Sie ist so schön zu schauen,
So seidenweich das Haar.

Ach, ihre weißen Zähne,
So herziglich der Mund,
Wissend, lächelt die Schöne,
Tut ihre Huld mir kund.

Im goldenen Jugendglanze,
Hat sie mir Lieb' entfacht,
Ich führte sie zum Tanze,
Wie hat sie das gemacht.

Rei©Men

151

Kapitel 13 Buenos Aires

Die Suche nach dem Leipziger Partei-Kassenwart Hempel gestaltete sich zu einem Alptraum. Ruth und Bernd waren auf Einladung von Sina und Jan nach Buenos Aires geflogen, letztlich aber auch, um wieder einmal Seewasser zu schmecken, doch insgeheim hofften sie, hier etwas über den Verbleib von Herrn Arno Hempel in Erfahrung zu bringen. Denn es nagte schwer an Bernd's Selbstwertgefühl, dass man ihn immer noch verdächtigte, die Devisen und die „Goldreserven", aus dem Bunker an sich gebracht zu haben. Man hatte ihm nichts nachweisen können und musste ihn wieder auf freien Fuß setzen, doch sein guter Ruf war zerstört. Das lag nicht nur an seiner DDR-Funktionärs-Vergangenheit, sondern auch an seiner geläuterten, aber nach wie vor uneingeschränkten sozialistischen Einstellung. Für seine alten Parteigenossen war er ein Verräter, der sich zu seinen Fehlern bekannt hatte und inzwischen Mitglied der Partei, >Die Linke< geworden war, die runderneuert und geläutert, für mehr soziale Gerechtigkeit und gleichmäßige Verteilung des volkswirtschaftlich erarbeiteten Wohlstands eintritt. Für die anderen, eher konservativ aufgestellten westlichen Parteien, gilt er als Mittäter, der den Unrechtsstaat DDR, die Unterdrückung der Freiheit und die Masseninhaftierungen von 15 Millionen Menschen im größten Gefängnis der Welt-Geschichte, mit zu verantworten hatte. Dass er sich innerhalb des Systems schon seit vielen Jahren für einen gemäßigten Sozialismus eingesetzt hatte, zählte natürlich nicht. Seit er in die innere Opposition gegangen war, hatte er in vielen Gesprächen auch Freunde gefunden, sie seine Ansichten teilten, ja bereit waren, die DDR von innen heraus zu reformieren. Dies zeigte sich besonders, als Gorbatschow die russische Führung übernahm, doch wie man weiß, sind alle diese Einsichten zu spät gekommen, selbst den Herrn Michail Sergejewitsch Gorbatschow holte diese Erkenntnis bald ein. Als er seinen berühmt gewordenen Spruch: "Wer zu spät kommt, den bestraft das Leben", prägte, hatte der Kommerz und der in unserer Gesellschaft überbordende Kapitalismus, schon wieder das Gesetz des Handelns an sich gerissen.

Bevor Bernd mit seiner Frau Ruth nach Buenos Aires abflog, hatte er viele seiner noch lebenden, damaligen Parteifreunde kontaktiert. Dabei zeige sich, dass er als gemäßigter ehemaliger Funktionär noch genug Einfluss hatte, und dass auch andere gern bereit waren, an der Aufklärung mitzuwirken. Gemeinsam trugen sie die Fakten aus der damals wilden Übergangsphase zusammen und versuchten das Geschehen zu rekonstruieren. Dabei zeigte sich eindeutig, dass Bernd als Führungsoffizier keine Möglichkeit gehabt hatte, an die verschwundenen Parteigelder heranzukommen. In dem von vielen ehemaligen Parteigenossen unterschriebenen Protokoll wurde festgehalten, dass nur eine Personengruppe für den Diebstahl verantwortlich sein konnte und dies waren die russischen Offiziere und/oder Arno Hempel. Es war auch nicht auszuschließen, dass sie gemeinsame Sache gemacht hatten.

Sina und Jan lagen schon seit ein paar Tagen mit ihrer >Oase der Lebensfreude< im Yachthafen des Yachtclubs Argentino, ganz in der Nähe des Einkaufszentrum Galerias Pacifico. Sie hatten ihre Vorräte aufgefrischt und erwarteten die Ankunft von Ruth und Bernd. Bernd hatte ihnen schon ein paar Informationen gemailt, die er von seinen ehemaligen Parteifreunden erhalten hatte. Buenos Aires, die Hauptstadt mit ihren 13 Millionen Einwohnern, ist für Deutsche fast wie eine Reise in ein anderes deutschsprachiges Land, da viele Einwanderer deutsche Vorfahren haben, oder erst vor ein paar Jahren selbst eingewandert waren. Die Stadt ist vollgestopft mit Menschen, sehr laut und in manchen Vierteln stinkt es gewaltig. Auf den ersten Blick hat man den Eindruck, dass die Einwohner ein wenig arrogant mit Fremden umgehen, doch wenn man genauer hinschaute, erkannte man in diesem Schmelztiegel europäischer Rassen, die Faszination dieser Metropole genauer. Einladende Cafés, Bars, Theater und zahlreiche

Salsa/Tangoschulen, Museen und hunderte Sehenswürdigkeiten luden ein, die Stadt gründlicher zu erkunden.

Hier am Rio de la Plata ereignete sich zu Beginn des Zweiten Weltkriegs ein Drama der besonderen Art. Das deutsche Kaperschiff, die „Graf Spee", wurde damals von den Alliierten als „Westentaschen-Schlachtschiff" verspottet, doch angeblich war es seinerzeit das Beste, und das am stärksten bewaffnete, Panzerschiff der Welt. Es wurde in der „Seeschlacht vor den Rio de la Plata", von einem schweren englischen Kreuzer und zwei Hilfskreuzern beschädigt und flüchtete sich in den internationalen Hafen von Montevideo in Uruguay, das am nördlichen Ufer des Rio de la Plata liegt. Es begann ein diplomatisches Gerangel, in dessen Folge der Kapitän Langsdorff den Kampf aufgab, weil die drei englischen Schiffe im Golf des Rio de la Plata auf sein Schiff warteten, um den Kampf wieder aufzunehmen. Dieser Kampf war aussichtslos und konnte nicht fortgesetzt werden, weil die Ruderanlage der „Graf Spee" schwer beschädigt war. Um seine Mannschaft nicht opfern zu müssen, versenkte Langsdorff „sein Schiff", noch bevor er Feindberührung bekam und nahm sich zwei Tage später das Leben, vermutlich, um seine Familie nicht den Repressalien der Nazis auszusetzen. Keine sehr heroische Tat, aber so waren sie halt früher, die alten Kapitäne, sie siegten oder sie gingen mit ihren Schiffen unter. Heutzutage steigen sie in das erste Rettungsboot, das sie finden können, wie der „Herr" Francesco Schettino, der seine Costa Concordia auf den Felsen vor Giglio setzte. Dabei kamen 32 Menschen ums Leben.

Das Wetter war gut, Sina und Jan nahmen sich ihre Bord-Pedelec's und erkundeten die Innenstadt. Mit den Informationen von Bernd's Leipziger „Freunden" ausgestattet, versuchten sie herauszufinden, ob es unter den deutschen Einwanderern einen Arno Hempel gab. Bei einem geschätzten Anteil der Einwanderer aus dem deutschsprachigen Raum, waren das in Buenos Aires „nur" rund 130'000 Menschen. Doch wie überall in den Mega-Metropolen dieser Welt,

154

konnte man hier davon ausgehen, dass in dieser Stadt mindestens eine halbe Million Menschen mit deutschen Wurzeln lebten. Ihre Hoffnung bestand darin, dass Arno Hempel seinen Namen nicht geändert hatte. Doch alle Versuche in Telefonbüchern, im Internet oder über die Deutsche Botschaft, seinen Aufenthaltsort herauszufinden, scheiterten. Ein paar Tage später holten sie Ruth und Bernd am Flughafen ab. Nach einer Woche, waren die Beiden bei fast allen Behörden und Dienststellen der Polizei vorstellig geworden, aber einen Herrn Arno Hempel kannte man dort nicht. Doch Bernd hatte eine Idee. Über das Hobby von Hempel, die Segelei, wurden sie dann doch fündig. Er hatte in einem kleinen Hafen an der Av. Costanera Rafael Obligado einen Katamaran liegen, mit welchem er gelegentliche Segeltouren unternahm. Das hatten sie nach einigem herumfragen und dem Vorzeigen von Bildern endlich heraus-gefunden. Allerdings war er dort nur unter dem Namen „Ralf, der Deutsche" bekannt. Niemand wusste wo er wohnte und überhaupt, er sollte ein ziemlich unzugänglicher, menschen-scheuer Typ und Eigenbrötler sein. Das passte genau. Alles sprach dafür, dass es sich um Arno Hempel handeln musste. Allerdings hatten sie noch kein Konzept, wie sie sich ihm nähern konnten. Natürlich waren Sina und Jan für ihn Fremde und unverdächtig. Da sie nicht herausbekamen, wo er wohnte, machten sie ihren Katamaran im gleichen Hafen fest und beobachteten sein Schiff. Ruth und Bernd hatten sich vorsichtshalber in einem kleinen Hotel einquartiert. Es dauerte zwar ein paar Tage, doch dann tauchte er plötzlich mit einer schokoladenschönen, jungen Frau auf. Sie machten das Schiff segelklar und man sah schon an den Vorräten, die gebunkert wurden, dass sie eine längere Reise vorhatten. Um ihn nicht aus den Augen zu verlieren, mussten Sina und Jan ebenfalls seeklar Schiff machen, legten dann mit Ruth und Bernd an Bord, etwas später ab und verfolgten ihn auf das Meer hinaus. Zunächst segelte die „Beteigeuze", so hieß die Yacht von Hempel, Richtung Osten, doch als sie aus dem Flussdelta des Rio de la Plata herausgesegelt waren, richtete sie ihren Bug nach Norden. Alles deutete darauf hin, dass Hempel und seine Freundin, zu einer kleineren Urlaubstour ausgelaufen waren. Sie verfolgten das Schiff dem Küstenverlauf nach weiter nach Norden. Beide

155

Schiffe hatten Vollzeug gesetzt, es hatte fast den Anschein als wollte Hempel, der sie auf Sichtweite begleitenden Yacht davonsegeln und so ging die Verfolgung in ein Rennen über. Nach ein paar weiteren Seemeilen, merkte Hempel, dass die Oase das schnellere Schiff war, nahm etwas Tuch weg, und wartete ab, ob das andere Schiff an ihnen vorbeiziehen würde. Bernd und Jan berieten sich, was sie tun sollten. Entkommen konnte ihnen Hempel nicht, das war klar, aber es konnte sein, dass er sich wehren würde, wenn sie längsseits gehen würden. Deshalb ging Bernd kurz unter Deck, holte sein Spezialgewehr aus dem Versteck und sagte zu Jan:

„So, jetzt gehen wir mal auf Tuchfühlung heran."

Doch als sie näherkamen, nahm Hempel wieder Fahrt auf und versuchte ihnen zu entkommen, indem er seine beiden starken Außenborder anwarf. Jetzt hatten Jan und Bernd das Nachsehen, denn das kleinere Schiff von Hempel war nun schneller, weil es stärkere Motoren hatte. Langsam entfernte sich die „Beteigeuze" und lief ihnen in der einbrechenden Nacht davon. Jan ging nach unten und schaltete das Radar ein, wartete aber so lange, bis er sicher war, dass Hempel das nicht mitbekam, denn eine sich drehende Radarantenne konnte man mit dem Fernglas sicher gut erkennen. Da Hempel nicht über Radar verfügte, konnte er nun, die sich ganz aus seinem Sichtkreis entfernte >Oase < nicht mehr ausmachen. Deshalb drosselte er seine Motoren und stellte sie nach einiger Zeit völlig ab. Er wollte wohl feststellen, ob er immer noch verfolgt wurde. Jan und Bernd verfolgten den Beteigeuze, allerdings nur mit ihrem Radarbild und weiterhin in gehörigem Abstand. Auf dem Radarbild wo nur die Mastspitzen von Hempel zu erkennen waren, sah man, dass Hempel langsamer wurde, er hatte vielleicht „Lunte gerochen", aber er konnte keinesfalls sicher sein, nicht verfolgt zu werden, weil er das ihn verfolgende Schiff nicht sehen konnte. Deshalb blieben Bernd und Jan auch die Nacht über auf Radartuchfühlung mit Hempel. Der Vorteil lag nun eindeutig wieder auf Seiten der Oase. Jan und Bernd konnten ihn mit ihrem Radar „im Auge" behalten, abwechselnd Nachtwachen fahren und durchsegeln, während Hempel irgendwann einmal eine Pause einlegen musste, um sich auszuschlafen, denn seine Begleiterin sah nicht gerade wie eine erfahrene Seglerin aus, die in der Lage war, alleine ein Schiff dieser Größe zu segeln. Deshalb hieß es abwarten und überraschen, aber Vorsicht war geboten, denn sie mussten davon ausgehen, dass Hempel die Küste entlang bis hinauf zu den Kleinen Antillen besser kannte als sie und bestimmt versuchen würde, irgendwo zu verschwinden. So war es dann auch, Hempel bog in einen kleinen Flusslauf ein und verschwand vom Radarbild. Es konnte natürlich sein, dass er nur über die Nacht vor Anker gehen wollte, andererseits mussten sie damit rechnen, dass er aufgepasst hatte und bei der kurzen Begegnung die Radaranlage bemerkt hatte. Wenn das der Fall war, würde er wohl versuchen, stromaufwärts zu entkommen. Dann bestand die Gefahr, dass er sein Schiff verließ und sich über Land absetzte. Eine vertrackte Situation. Wenn sie ebenfalls in den Fluss einliefen, würden sie ihn anschließend flussaufwärts verfolgen müssen, doch da hatten sie wieder die schwächeren Motoren und das schwerere Boot, womit eine Verfolgung unmöglich wurde. Bernd hatte die Seekarte studiert und eine kleine Bucht ausgemacht, von der aus man das Flussdelta mit dem Fernglas oder dem Radar überwachen konnte. Dort liefen sie ein und machten unter Büschen und Bäumen fest. Sie konnten nur noch hoffen, dass die „Beteigeuze" bald wieder auftauchen würde. Die Chancen standen eigentlich nicht schlecht, denn Hempel konnte auch nicht absolut sicher sein verfolgt zu werden. Bestimmt hatte er aber von Vereinskameraden erfahren, dass jemand nach ihm gefragt hatte und war deshalb sicherheitshalber mit seinem Schiff aufgebrochen. Am nächsten Morgen war es dann soweit, die „Beteigeuze" tauchte wieder auf, hatte schon Segel gesetzt und kam ihnen direkt entgegen. Bernd nahm sein Gewehr zur Hand, Jan saß am Funkgerät und versuchte mit der „Beteigeuze" in Kontakt zu kommen. Als sie nicht antwortete, nahm Bernd die „Flüstertüte" vom Haken und peilte Hempels Schiff direkt an.

„Hallo Arno, lange nicht gesehen, ich möchte mit dir über die verschwundenen Gelder aus dem Bunker reden."

Es kam keine Antwort, stattdessen gab Hempel Gas und steuerte aufs offene Meer hinaus. Bernd legte kurzerhand an, und schoss der Beteigeuze ein Loch ins Großsegel. Dann rief er ins Mikrofon:

„Aufstoppen, der nächste Schuss geht knapp unter die Wasserlinie."

Es klappte, Hempel stoppte auf. Bernd rief wieder:

„Steh auf und Hände hoch, wir kommen längsseits und keine Mätzchen, ich schieße genau, das weißt du ja hoffentlich noch, von unserer Ausbildung bei der Volksarmee."

Sina und Jan schauten sich an und ihre Blicke verrieten, dass sie richtige Angst bekamen. Auf was hatten sie sich da bloß eingelassen? Nach allem, was sie gesehen hatten, mussten sie mit dem Schlimmsten rechnen. Doch offensichtlich wusste Bernd, der ja eine militärische Ausbildung genossen hatte, ganz genau was er tat. Das Wetter und das Wasser waren ruhig und als sie näherkamen, rief Bernd hinüber:

„Macht euer Beiboot klar, aber ohne Motor nur mit den Rudern. Zieht euer Wetterzeug an, nehmt Wasser und Proviant ins Boot mit, steigt ein und legt von eurem Kat ab." Hempel und seine Freundin kamen der Aufforderung tatsächlich nach, deshalb sagte er zu Sina:

„Übernimm bitte das Ruder, ich gehe auf die „Beteigeuze", Jan geh mal bitte an den Computer und setze einen Spruch an das Auswärtige Amt in Berlin ab. Sag denen, wen wir hier geschnappt haben, die sollen die Formalitäten klären und uns dann Anweisungen geben, was weiter zu geschehen hat."

Ruth war inzwischen ebenfalls auf die „Beteigeuze" geentert und unter Deck verschwunden. Nach einiger Zeit wuchtete sie einen mittelgroßen Alukoffer an Deck, öffnete ihn und zeigte Bernd den Inhalt. Offensichtlich hatte sie einen Teil des geraubten Gutes gefunden. Werner richtete das Gewehr auf Hempel und sagte:

„Ist das alles?"

„Ja", antwortete Hempel.

158

„Wir haben die Behörden schon benachrichtigt, die durchsuchen dein Schiff noch genauer, also mach reinen Tisch."

„Da ist nichts weiter", erklärte Hempel.

„Gut, dann fangt mal an zu Frühstücken." Das galt für alle. Das Beiboot mit Hempel und seiner Freundin dümpelte an einer langen Sicherheitsleine in der Dünung hinter der „Beteigeuze" her. Bernd telefonierte seit einiger Zeit mit dem Staatssekretär im Auswertigen Amt, sie hatten anscheinend einige Informationen auszutauschen, dann sagte Bernd:

„Wir sollen das Beutegut in unserem Konsulat in Buenos Aires abliefern und Hempel gleich mitbringen." Bernd machte aber einen anderen Vorschlag. Danach, so sagte er, wäre es besser Hempel und seine „Sachen" im Heimathafen der „Beteigeuze" anzuliefern und von Konsulatsbeamten abholen zu lassen. Der Vorschlag wurde angenommen und als sie dann am nächsten Tag mit beiden Schiffen im Hafen einliefen, standen die Beamten schon an der Kaimauer und übernahmen Hempel und seine „Beute". Seine Freundin wurde „freigelassen", dann verschwanden sie mit Ruth und Bernd im Schlepptau, denn die Formalitäten mussten ja auch noch abgewickelt werden. Als sie nach weiteren Stunden zurückkamen, erzählten sie, dass sie die „Beteigeuze" nach Deutschland überführen sollten, denn man vermutete, dass sie mit dem Diebesgut bezahlt worden war. Die entstehenden Unkosten würde man ihnen ersetzen, das hatten sie sich schriftlich bestätigen lassen, ebenso ihre Haftungsfreiheit bei einer Havarie oder bei Totalverlust des Schiffes. So endete der Kurzbesuch von Ruth und Bernd. Sie checkten die Vorräte auf der „Beteigeuze", und ergänzten sie für die anstehende Atlantiküberquerung. Jan und Bernd überprüften bei einer Probefahrt die Seetüchtigkeit und die Ausrüstung des Katamarans. Ein paar Kleinigkeiten mussten ergänzt werden, aber der Allgemeinzustand war zufriedenstellend. Natürlich hatte Hempel die „Beteigeuze" nicht für eine Weltumsegelung ausgerüstet, aber für die Atlantiküberquerung würde es reichen. Dann verbrachte man noch ein paar nette Tage zusammen in Buenos Aires und nahm Abschied voneinander. Natürlich ergingen dringliche Einladungen, doch bald ihre Insel, die Reitoru, zu besuchen, die von Ruth

und Bernd für die kommende Saison zugesagt wurden, denn natürlich waren sie neugierig auf Reitoru und die Idylle, die sie dort antreffen würden. Sie überlegten sich, ob sie eine Zeitlang dort glücklich werden könnten. Natürlich war man hier völlig losgelöst von allen nervigen Zivilisations-Erscheinungen, doch, dann fragten sie ihre Freunde, ob sie schon Wurzeln geschlagen hatten. Erstaunlicherweise war das bei Sibylle und Werner der Fall, doch in Sina und Jan steckte einfach noch zu viel Abenteuerlust drin. Sie waren noch nicht soweit, sich für längere Zeit oder endgültig dort nieder-zulassen. Obwohl sie nun schon über zwei Jahre zusammenlebten, konnten sie sich nicht entschließen zu heiraten. Es zeigten sich die Nachwirkungen der Verstimmung, die sich durch die unterschiedlichen Positionen, die sie seit der Beschießung der Seeräuber vertraten. Sie waren immer noch latent vorhanden. Waren in früheren Zeiten die Beschützer-instinkte der männlichen Bevölkerungsteile von den Frauen erwartet und gewünscht worden, so verbreitet sich in der heutigen Gesellschaft ein überhöhtes Empathie-Gen, sodass die sanftmütigen, duldenden Männer von den Frauen bevorzug werden. Man meint mit Mitleid und Erziehung mehr zu erreichen, als mit Gewalt. Im Prinzip sind diese Erkenntnisse richtig, man muss allerdings auch hier klare Stopps setzen, wenn Toleranzgrenzen überschritten werden. Sie hatten inzwischen öfters darüber gesprochen und waren übereingekommen, die Heirat bis zu ihrer Rückkehr von der Weltumrundung zu verschieben, um dann zusammen mit allen Verwandten und Freunden in ihrer Heimat zu feiern.

Der archaische Trieb im Menschen:
Töten und getötet werden,
wird durch die Zivilisation überdeckt.
Der Steinzeit-Mensch unserer Tage,
entlarvt sich oft durch Empathielosigkeit.

Rei©Men 2015

Kapitel 14 Die Überfahrt nach Europa

Von Anfang an lag ein Schatten auf dieser Jachtüberführung nach Europa. Ruth und Bernd wünschten sich, sie hätten sich nie darauf eingelassen. Anfangs hatten sie sich an der südamerikanischen Küste zusammen mit Sina und Jan hochgehangelt, waren dann in einen großen Bogen um Venezuela herumgesegelt, denn dieses Land hatte seinen Status als „ungefährlich für Touristen" verloren. Außerdem trieben sich seit Neuestem dort auch schon Piraten herum. Deshalb segelten sie mit beiden Schiffen Richtung „Westindische Inseln", denn die angenehmste Überquerung des Atlantiks von West nach Ost war sowieso, mit dem Golfstrom und dem Nordostpassat zu segeln. Dazu mussten sie weiter in den Norden um den Absprung nach Europa von Florida aus zu wagen. Doch schon während der Fahrt in die Karibik, merkten sie, dass das Risiko zu groß war. Denn auf dieser Reise gab es keine Häfen, die man anlaufen konnte, um sich ein paar Tage von den Strapazen zu erholen und der Golf von Mexico ist eines der gefährlichsten Seegebiete auf den Weltmeeren.

Sina und Jan hatten vor, bis zu den großen Seen an der US-Küste hoch zu segeln, dann wieder umzukehren und über den Panamakanal zu ihrem „Atoll Reitoru" zurücksegeln zu wollen. Auf Martinique hielt man „Kriegsrat" und kam überein, den Katamaran von Jan uns Sina dort einzuwintern und die Reise nur mit der „Beteigeuze" fortzusetzen und zu viert nach Europa zu segeln. Diese Entscheidung teilten sie der Deutschen Botschaft mit, die mit dieser Lösung einverstanden war, denn jede andere Lösung wäre teurer geworden. Wie sich herausstellte, hatte Hempel keinen großen Wert auf eine ordentliche Wartung des Schiffes gelegt. Immer mehr Ausrüstungsteile gingen kaputt, oder funktionierten nicht mehr, Log und Logge fielen aus, das Echolot funktionierte nicht. Die Ruderanlage war schwergängig, der Außenborder des Dinghis ließ sich beim Anlanden nicht mehr abklappen, doch das Schlimmste war, dass sich das Seeventil an der Toilette in einem Rumpf nicht mehr schließen ließ. Das Problem war, dass bei

161

einem eventuellen Bruch eines Kunststoffschlauches hinter dem Außenventil, das Schiff durch das eindringende Wasser untergehen konnte. (Eine gute Seemannschaft achtet darauf, dass beim Verlassen eines Liegeplatzes, alle Seeventile geschlossen werden. AdV.) Überhaupt, das ganze Schiff bedurfte einer gründlichen Durchsicht und Überholung, bevor man sicher weiterreisen konnte. Die Werft machte einen vorläufigen Kosten-voranschlag, den Bernd an die Botschaft weiterleitete und die Genehmigung erhielt, das Schiff auf Vordermann bringen zu lassen. Anfang Juli konnten sie dann Richtung Norden weiter-reisen. Doch das Wetter sollte ihnen einen dicken Strich durch ihre Planungen machen. Von der Afrikanischen Küste zog ein Sturm auf und ein Hurrikan nach dem anderen bewegte sich in Richtung Karibik. Es war sehr schwer ein Wetterfenster zu erwischen, das ein risikofreies durchfahren des Golfs von Mexiko ermöglichte. Im Einzelnen hier die Liste der Stürme und Hurrikans der Saison:

Tropischer Sturm Arlene
Tropischer Sturm Bret
Tropischer Sturm Cindy
Tropisches Tiefdruckgebiet Vier
Tropischer Sturm Don
Tropischer Sturm Emily
Hurrikan Franklin
Hurrikan Gert
Hurrikan Harvey
Potential Tropical Cyclone 10
Hurrikan Irma
Hurrikan Jose
Hurrikan Katia
Hurrikan Lee
Hurrikan Maria
Hurrikan Nate
Hurrikan Ophelia
Tropischer Sturm Philippe

Bei dieser Sachlage war es lebensgefährlich weiter zu reisen. Deshalb entschlossen sie sich, beide Schiffe in Martinique „einzuwintern" und es im nächsten Jahr, wenn die Frühjahrsstürme vorbei waren, noch einmal zu versuchen. Sie buchten die Flüge nach Stuttgart und Leipzig und vereinbarten, sich in der ruhigen Jahreszeit gegenseitig mal zu besuchen. Sina und Jan nahmen die Gelegenheit war, Ruths und Bernds Heimatstadt Leipzig kennenzulernen. Dabei ergab sich die Gelegenheit den atomsicheren Bunker in Machern zu besuchen. Bernd wollte zuerst nicht mitgehen, doch Ruth bestand darauf, sie sagte:

„Du hast dir nichts zuschulden kommen lassen, zeige durch deine Präsens hier, dass sie dich nicht so einfach zum Schuldigen machen können."

Insgeheim reizte es ihn ja, an seinen alten Arbeitsplatz noch einmal zurückzukehren. Das gelang dann auch, ohne dass er erkannt wurde. Als er dann Bilanz zog, erkannte er, dass es richtig war, sich nicht zu verstecken, denn er zählte sich und seine Frau zu den Leuten, die sehr früh die Verlogenheit des DDR-Systems erkannt hatten und in die innere Isolation gegangen waren. Diese Haltung konnte man durchaus auch nach außen dokumentieren, indem man frei und offen über die Vergangenheit redete. Das passierte dann auch, als er mit dem jungen Mann diskutierte, der die Führungen durch die Anlage organisierte und den Besuchern alles erläuterte. Deshalb gab er sich dann doch zu erkennen und es ergab sich, dass Bernd noch sehr viele unbekannten Details zum Bau und zu der Bunkergeschichte beisteuern konnte. Sie verabredeten sich anschließend, noch zu weiteren Gesprächen zusammenzukommen.

Sich in jeder Lebenslage zu trauen,
wieder nach vorn zu schauen,
schafft Selbstvertrauen.

Rei©Men 2019

163

Kapitel 15 Sibylle und Werner bekommen Besuch

Durch einen eigenartigen Zufall, bekamen Sibylle und Werner „Familienzuwachs". Das Leben hatte sich eingespielt, man lebte tagsüber im Wohn- und Gästehaus und am Wasser, geschlafen wurde in den Baumhäusern. Maren und Henno Maaßen halfen mit ihrer Erfahrung der jungen Zwillings-Mutter tatkräftig bei der Kinderbetreuung, denn sie hatten das alles ja schon erlebt. Es gefiel ihnen auf der Insel und die Frage einer Weiterreise ergab sich bisher nicht. Das lag teilweise auch daran, dass Henno die Betreuung der Technik übernommen hatte. Werner konnte dafür kaum Zeit erübrigen, denn er hatte inzwischen immer mehr Patienten zu betreuen. Es hatte sich herumgesprochen, dass auf Reitoru ein Arzt „wohnte". Aus der verstellbaren Liege und dem Medikamentenschrank, die in einem kleinen Zimmer im Wohnhaus standen, war eine richtige Arztpraxis geworden. Anfangs behandelte er die Insulaner mit ihren kleinen Weh-Wehchen noch kostenlos, doch nach und nach musste er sich teure Instrumente und Untersuchungs-Geräte anschaffen, deshalb hatte er sich als praktizierender Arzt bei den Behörden ordnungsgemäß angemeldet und reichte für seine Leistungen ordentliche Liquidationen ein.

In der Nacht hatte es Sturm gegeben, eine lang auslaufende Dünung lief auf die Lagune zu und brach sich an der Ostseite an den Korallenriffen mit meterhohen Wellen. Die Lagunen-einfahrt war dadurch nicht gefährdet, weil sie sich auf der Westseite der Insel befand. Morgens, als sie im Baumhaus beim Frühstück saßen und auf das Meer hinaussahen, bemerkte Sibylle östlich, einen immer größer werdenden Punkt. Die Familie liebte diese Fernsicht sehr, denn sie ging hinweg über das Atoll, hinaus auf das flache Wasser des Korallengartens bis an den Horizont, wo das Wasser und der Himmel miteinander verschmolzen. Besonders am frühen Morgen, wenn sich die feinen Nebel der Nacht langsam auflösten und die Sonne die Oberhand über die Nacht gewann, verzauberte dieser Anblick die Sinne.

Natürlich war es Glückssache gewesen, diese winzig kleine Reflexion zu erkennen, doch immer, wenn der Punkt auf einem Wellenberg einen kurzen Moment innehielt, glänzte er im Gegenlicht kurz auf. Obwohl der Rumpf überhaupt noch nicht zu sehen war, vermutete ihr „seefraulich" geschultes Auge in dem Aufblitzen den Aluminiummast einer Yacht. Deshalb sagte sie zu ihrem Mann:

„Werner, schau doch mal, da draußen hält anscheinend eine Segel-Yacht auf Reitoru zu." Er schaute ein Weilchen in die angegebene Richtung, dann hatte auch er das Schiff im Wellengetümmel ausgemacht. Inzwischen war der Segler nähergekommen, sodass man auch sein Deck erkennen konnte.

„Ja, du hast recht, reich mir doch mal das Fernglas rüber."

Stattdessen setzte Sibylle, neugierig wie Frauen sind, das Glas selber an die Augen, verzog den Mund mit einem skeptischen Ausdruck nach oben und zog die Stirn in Falten.

„Du, schau mal, ich sehe keine Mannschaft auf dem Schiff und es liegt quer zur See in der Welle."

Werner schaute nun selbst durch das Glas, dann stand er auf, ging auf die „Terrasse", lehnte die Schulter an einen Pfosten, damit er das Glas besser fixieren konnte und kommentierte:

„Da ist keiner am Steuer, das Schiff macht keine Fahrt voraus, sondern treibt querab auf uns zu."

Sibylle sah noch einmal genauer hin und kam zu dem gleichen Ergebnis. Der Mast pendelte bei jeder Wellenbewegung von einer Seite zur anderen. In Grunde war das die typische Kreiselbewegung des Mastes eines steuerlosen, rollenden Schiffes in der aufgewühlten See. Der Großbaum schien zwar noch in den Schoten festzuhängen, schlug aber ständig hin und her und die Segel flatterten beim Durchgang des Baums über das Deck im leichten Wind.

„Du, da stimmt was nicht, wir sollten mal nachsehen, allerdings nicht mit dem Dinghi, das ist vor dem Riff zu gefährlich."

„Du hast recht, ich rufe gleich mal Henno an."

165

Der meldete sich auf seinem Handy, Bernd erklärte ihm was sie beobachtet hatten und man merkte an der Sprechpause, das Henno nachdachte, dann sagte er:

„Wir treffen uns im Hafen, unsere Retired ist für so eine Aktion handlicher als euer Kat, bis gleich."

Zehn Minuten später saßen sie mit Maren zu dritt in der Plicht, Henno steuerte durch die Lagunenpassage und um das Atoll herum auf die Ostseite, dann nahmen sie mit einem entsprechenden Vorhalt Kurs auf das eigenartige Geisterschiff. Als sie es erreicht hatten, stiegen Maren und Werner in das Beiboot, Werner nahm auch gleich seine Arzttasche mit. Nach kurzer Fahrt, machten sie an der herunterhängenden Badeleiter fest. Maren stand im Boot auf und hielt sich an der Leiter fest, dann wagte sie einen vorsichtigen Blick über das Achterdeck in den offenen Niedergang, konnte aber nichts ausmachen. Werner stieg an ihr vorbei an Deck, und rief mehrmals:

„Hello, hello is someone on board?" (Hallo, ist jemand an Bord)

Es kam keine Antwort, nur ein leichtes stöhnen war zu vernehmen. Werner ließ sich seine Tasche geben, schob sie Richtung Niedergang und kletterte hinunter. In der Vorpiek entdeckte er eine Frau, die offensichtlich nicht bei Besinnung war. Er fühlte ihren Puls, der war schwach aber sie lebte noch. Der Arzt sah natürlich, dass sie verletzt und völlig dehydriert war. Das T-Shirt, das sie trug, war unter dem linken Arm mit angetrocknetem Blut verschmiert. Vorsichtig hob er es hoch. Eine Rippe war gebrochen und der spitze Knochen schaute aus dem Gewebe heraus. Inzwischen war Henno so nah, wie es bei dem Wellengang überhaupt möglich war, herangekommen und Werner rief hinüber, er solle einen Rettungshubschrauber anfordern.

„Gefährlicher Rippenbruch mit Perforation, ich muss eine Thoraxdrainage machen und eine Infusion anlegen."

Henno hielt sein Schiff auf Sicherheitsabstand, dann warf Maren eine Schleppleine rüber und zog das havarierte Boot weiter ins offene Meer. Damit verhinderte er, dass beide Schiffe dem Korallengürtel zu nahekamen. Über Sattelitenfunk erreichte er dann, dass ein SAR-

166

Hubschrauber mit einem Notarzt zu ihnen losgeschickt wurde, der dann zwei Stunden später eintraf. Die Kommunikation von Henno zu Bernd und zum Hubschrauber war schwierig. Werner und Henno benutzten ihre Handfunkgeräte, dadurch konnten sie weitere Informationen von der havarierten Yacht, sowie den Zustand der Frau an den Arzt an Bord des Hubschraubers durchgeben. Dann ging alles sehr schnell, ein Sanitäter seilte sich ab, mit vereinten Kräften wurde die Schwerverletzte mit einer Rettungstrage in den Hubschrauber hochgezogen, der sofort wieder abflog. Henno und Werner waren sich darüber einig, das Boot ohne weitere Manöver in die Lagune zu verholen. Der Motor des Havaristen sprang jedoch nicht an, segeln machte bei dem schwachen Wind auch keinen Sinn, deshalb tauschte Maren die Schleppleine zur Cassiopeia gegen eine schwerere Trosse aus. Dann zogen sie das fremde Schiff in ihren inzwischen fertiggestellten Hafen und machten es am Liegeplatz von Jans Oase, der ja mit Sina unterwegs war, fest. Inzwischen war es fasst Nachmittag geworden und das unterbrochene Frühstück ging in einen Bransch über, der sich durch die Diskussionen über die Ereignisse in die Länge zog. Endlich dachte mal jemand daran, das fremde Schiff etwas genauer zu untersuchen.

Werner nahm sein Klemmbrett mit und dann wagten sich die drei Retter eine Inspektion der „Cassiopeia" vorzunehmen. An Hand der gefundenen Unterlagen waren zwei Personen an Bord gewesen, von dem Mann fehlte jede Spur. Sie fanden jedoch die Heimatadressen in den USA, und auf den Handys genügend Telefonnummern, darunter ein paar mit den gleichen Familiennamen von Verwandten. Henno wollte gleich dort anrufen, doch Maren stoppte ihn und bemerkte, wir sollten erst abwarten, bis sich die Klinik bei uns meldet, dann wissen wir mehr, so verschrecken wir nur die Angehörigen. Am Spätnachmittag rief die Klinik bei Werner an und teilte ihm mit, dass seine Patientin aus dem Koma aufgewacht war und es ihr den Umständen entsprechend gut gehe. Sie hatte sofort nach ihrem Freund gefragt, man hatte ihr in Anbetracht ihres Zustandes aber nicht gesagt, dass er auf der Yacht nicht angetroffen worden war. Aber sie erinnerte sich, dass sie in der Nacht in einem Sturm geraten waren, das Schiff sei durchgekentert und mit Wasser vollgeschlagen. Deshalb hatten sie vorsichtshalber ihre Rettungsinsel zu Wasser gebracht. Holger ihr Freund, war in die Insel geklettert, um Vorräte einzulagern, als sie im starken Wellengang ausrutschte und den Niedergang hinunterfiel. Dann muss sie wohl ohnmächtig geworden sein. Als sie aufwachte, war Holger weg und sie hatte es wohl trotzt der Verletzungen geschafft, in ihre Koje zu klettern, weiter wusste sie nichts mehr. Werner und Henno überlegten, da war doch immer noch etwas Wasser im Schiff, na klar, die Lenz-Pumpen sind automatisch angesprungen und haben das Schiff wieder leergepumpt, als sie hinunterfiel, war das Wasser bestimmt schon weg. *„Moment mal, wo ist denn die Rettungsinsel geblieben"*? Doch Henno hatte einen Verdacht, der sich auch bestätigte.

„An der Badeleiter hing eine kurze, abgerissene Leine", erinnerte sich Henno. Als sie nachschauten, fanden sie am Ende der Leine eine Öse mit einem Stückchen Gummi daran. Also hatte sich die Rettungsinsel losgerissen, war abgetrieben und mit ihr der Skipper Holger. Als sie die Funkanlage überprüften, stellte sich heraus, dass es ein altes Model war, also ohne die automatischen Notrufeinrichtungen GMDSS (Das Global Maritime Distress and Safety System = weltweites Seenot- und Sicherheitsfunksystem), das ja auf Knopfdruck eine Havarie und den Schiffsort über Sattelitensysteme an die nächste Rettungsleitstelle weitergegeben hätte. Anscheinend hatten die beiden Fahrtensegler an dieser modernen Einrichtung gespart und das hatte Holger vermutlich das Leben gekostet, denn es war nicht anzunehmen, dass er auf der Rettungsinsel eine GMDSS-Notruf-Boje hatte. Selbst in modernen Seenotrettungswesten stecken inzwischen Notrufbojen, die Frage ist nur: wie schnell kann man einen Menschen aus dem Wasser bergen? In den südlichen Gewässern kann man in der Regel und je nach Wassertemperatur 10 bis 20 Stunden überleben. Danach stirbt der Mensch an Unterkühlung.

„Bernd sag mal, wie lange könnte es her sein, dass Holger mit der Insel abgetrieben ist?"

168

„Ja. das müsste ungefähr drei bis vier Tage her sein, da fegte der Sturm mit 9 bis 10 Beaufort hier durch."

„Drei bis vier Tage", simulierte Henno, „der lebt garantiert noch, doch wo soll man ihn suchen, die Rettungs-Insel ist hier bestimmt am Atoll vorbeigetrieben, denn die treiben immer schneller als ein Schiff, weil sie leichter sind."

„Du hast recht und jetzt ist er nach Südamerika unterwegs, aber rechne mal nach, die Cassiopeia ist heute Morgen hier angetrieben, wenn er eine Nautische Meile schneller war als das Schiff, dann ist er jetzt?, Moment Mal, es ist jetzt 16 h 15, das sind zirka 8 Stunden x 1,85 SM, also hmhmhmm, also zirka 15 bis 20 Seemeilen abgetrieben, dass müsste doch noch zu schaffen sein?"

„Richtig", sagte Henno, „Los wir schaffen noch ein paar Sachen an Bord der Relax, die ist schneller, als meine Slup, und von unterwegs rufen wir den SAR-Seenotdienst an, die sollen aus der Luft suchen helfen."

Das Auffinden und die Rettung der jungen Frau waren dem SAR (Search and Rescue – Suchen und Retten) bekannt. Nachdem Bernd die neue Situation geschildert hatte, sagte man zu, sofort einen SAR-Hubschrauber loszuschicken, der würde in zwei bis drei Stunden vor Ort sein können und mit ihrem Kat auf Kanal 16 Funkkontakt aufnehmen. Die Wasser- sowie auch die Dieseltanks waren nahezu voll, weil sie ja ein Wasserreservoir angelegt hatten und zusätzlich das Sammelbecken der Insulaner nutzten, gab es keinen Wassermangel. Reservediesel hatten sie sich mit ein paar Metallfässern beim Hafen angelegt, die sie gelegentlich aus ihren vollen Tanks auffüllten, bevor sie zum Einkaufen nach Hikueru, die Nachbarinsel, die in zirka 30 Seemeilen nord-westlich lag, segelten. Die hatte sogar einen Flughafen und eine kleine Tankstelle, dort füllten sie ihre Tanks wieder auf. Größere Lebensmittel-Einkäufe und Anschaffungen wurden in Papeete getätigt, doch dazu nahmen sie eher das Flugzeug, oder sie machten einen Segelausflug dorthin, wenn ihnen der Sinn nach etwas mehr Zivilisation stand. Dadurch waren die beiden Schiffe eigentlich immer einsatzbereit, jedenfalls für kürzere Törns. Henno stand am Rohr, und probte seine Künste im Katamaran-Segeln. Er hatte inzwischen von Werner viel über diese Schiffsart gelernt, indessen fehlte ihm die Routine in der Handhabung und vor allem das Gefühl für die Grenz-werte, an die er sich langsam noch herantasten musste. So verging die Zeit. Werner war mit der Beobachtung der See beschäftigt, doch bisher hatte er vergebens Ausschau gehalten, von einer Rettungsinsel war nichts zu sehen. Der Wind kam weiterhin aus Osten und brieste immer mehr auf, deshalb drückte Henno auf den Autopiloten-Knopf, korrigierte mit + - den Kurs und versuchte über den UKW-Funk den Hubschrauber zu erreichen. Der meldete sich noch nicht, vermutlich war er noch nicht in das Funkeinzugsgebiet des Katamarans eingeflogen. Verwunderlich war das nicht, denn Hubschrauber fliegen in der Regel 200 bis 300 km/h und sie wussten nicht von welchem Stützpunkt er eingesetzt wurde. Von Papeete aus, waren es zirka 600 Seemeilen, plus ihre zurückgelegte Strecke mit dem Katamaran, also länger als zwei Stunden, vermutlich eher 3 Stunden Flugzeit. Im Moment waren sie auf der Höhe des vermuteten Punktes, wo die Rettungsinsel nach ihren Berechnungen bisher hingetrieben sein konnte. Werner meinte, sie sollten die Suche ab hier in die Breite verlagern. Ab und zu hatten sie schon zerknüllte Papier-Blätter ins Wasser geworfen, weil diese die Windrichtung und die vorherrschenden Strömungen besser anzeigten, denn der Verklicker auf den Mast zeigte ja „nur" den scheinbaren Wind an, weil er vom Fahrtwind des Schiffes beeinflusst wird. Jetzt probierten sie es wieder. Die Papier-Knöllchen trieben wie bisher in einer geraden Linie achteraus.

„Du Werner, schau doch mal in den Strömungsatlas, vielleicht haben wir was übersehen, denn du weißt ja, dass sich die Strömungen vor den Inseln teilen, sich dann um die Insel herum beschleunigen und durch die Landmasse abgelenkt werden."

„Ich schaue lieber mal ins Internet, das ist genauer, aber du könntest mal mit dem Fernglas in den Masttopp klettern."

„Mach ich", gab Henno zurück und stieg in einen Sicherheitsgurt ein, mit dem er sich nach dem Aufstieg über die am Mast angebrachten Trittstufen oben sichern konnte.

170

Nach einer Weile kam Werner wieder ins Cockpit und rief nach oben:

„Henno, du hattest recht, die Strömung könnte die Rettungsinsel weiter südlich versetzt haben und wenn wir vom Ausgangspunkt der Havarie rechnen, muss sie Richtung SW auf Hikueru zu getrieben sein."

„Sollen wir auch in diese Richtung segeln?"

„Ich würde sagen, wir warten erst mal auf den Hubschrauber, dann wissen wir welches Seegebiet die rastern werden, denn ich glaube, dass die mehr Möglichkeiten haben als wir, und, die machen das nicht zum ersten Mal."

Eine Stunde später meldete sich der Hubschrauber und fragte nach der Position der Relax. Die Suchmannschaft hatte die Position der Rettungsinsel ebenfalls weiter in SW errechnet. Irgendwo zwischen Reirotu und Hikueru musste sie sich befinden. Die Hubschraubercrew bat darum, dass wir auf unserer Papier-Knöllchen-Route, in länger werdenden Intervallen die Drift-Richtung queren sollten. Werner hatte mit einem Fall den Bootsmannstuhl zu Henno hochgezogen, damit er es ein wenig gemütlicher hatte. Die See war wieder unruhiger geworden und die Wellenhöhe nahm auch entsprechend zu. Werner kreuzte jetzt vor dem Wind und bei jedem Schlag machte er längere Amplituden, sodass sich das Suchgebiet nach einiger Zeit mit dem des Hubschraubers überschnitt. Wie erwartet hörte man ihn immer bei jeder Annäherung. Gegen Nachmittag verschlechterte sich die Sicht und sie tauschten die Plätze. Henno steuerte nun die Yacht und Werner ging in den provisorischen Ausguck.

Über die Satteliten-Kommunikation hatte sich eine weitere Yacht, die sich in dem Seegebiet befand, gemeldet und half ihnen bei der Suche. Es wurde dunkel und sie waren schon in Sichtweite von Hikueru gekommen. Dem Hubschrauber ging der Treibstoff aus und er musste nach Hikueru zum Auftanken abdrehen. Langsam wurde es dunkel, Werner saß am Navitisch und studierte wieder die Seekarte, dann sagte er:

"Henno, wir kehren um, aber mit beiden Yachten und zwar im Abstand von 10 Seemeilen, ich habe mit den anderen das Suchgebiet abgesprochen, damit decken wir eine Fläche von zirka 40 SM ab."

"Warum das denn? wir sehen in der Nacht doch nichts."

"Nein, aber er sieht uns, wenn wir alle 5 SM eine Seenotrakete abfeuern. Ich habe mal nachgeschaut, wir haben mit der Leuchtpistole fast 30 Schuss Munition. Wenn wir jede halbe Stunde eine Rakete abfeuern reicht die Munition bis es hell wird."

"Na klar, der hat doch auch Seenotraketen und wenn er unsere sieht, schießt er seine eigenen ab", dachte Henno laut nach, *"und der Hubschrauber nimmt bei Tagesanbruch die Suche wieder auf."*

"Ja, aber wir dürfen mit der anderen Yacht, der Seegurke, nur koordiniert schießen, immer zur vollen halben Stunde, sonst wissen wir nicht wer geschossen hat, wir oder der Schiffbrüchige."

"Also gut, ruf diese Gurke mal an, wir drücken dann über Funk gleichzeitig ab."

Die Absprache funktionierte hervorragend, immer zur gleichen Zeit stiegen zwei Raketen in den Himmel, mal ganz in der Nähe, dann wieder weiter entfernt. Werner und Henno hatten schon Wachen abgesprochen, da geschah das Wunder.

Kurze Zeit nachdem beide Raketen verglüht waren, stieg eine dritte zum Himmel auf.

"Das ist er." Henno hüpfte vor Freude im Cockpit herum.

"Freu dich nicht zu früh, das kann auch ein weiterer Yachty sein, der denkt vielleicht, es ist Sylvester und beteiligt sich an der Ballerei."

Werner sprach deshalb auf Kanal 16 die „Seegurke" direkt an.

„Did you see the third rocket?

(Habt ihr die dritte Rakete gesehen?)

"Yes we have."

„Please make a bearing." (Peilung)

"The standing line is 85 degrees", kam es zurück.

"Our standing line is 45 degrees."

Werner setzte nun noch einen Ruf an alle Schiffe ab:

172

"Here is the Catamaran Relax and the Slup sea cucumber, this is an emergency, we are looking for a shipwrecked man, floating in a lifecraft. Please contact me with radio contact."

Als nach ein paar Minuten keine Antwort kam, meldete sich die Seegurke:

"Here sea cucumber, I think that was our lifecraft, with the third rocket, we are on course 85 degrees to the intersection. Over and end."

Werner setzte noch einen Ruf ab und bat um Funkstille:

"Keep your radio out and do not shoot missiles."

Dann errechnete er aus den beiden Standlinien eine Position und gab sie der Seegurke durch.

"Sea cucumber, sea cucumber, we are now running under engine to the position:

17° 42' 51,97" S and 17° 44' 47,6" W over."

Minuten später stieg ungefähr an der gleichen Position eine weitere Rakete auf. Henno feuerte spontan auch eine ab, die Antwort kam sofort, in Form einer grünen Patrone. *„Understood and out."*

Eine halbe Stunde später war es dann soweit, die Rettungsinsel schoss noch eine weitere Rakete ab und nun kam sie in Sichtweite. Im Eingang stand ein Mann, der seinen Südwester abgenommen hatte und freudig erregt über seine Survival-Insel schwenkte und dann immer wieder auf das Dach klopfte. Die Seegurke drehte als erste bei und kam mit elegantem Schwung an der Insel an. Es waren nur noch 1 bis 2 Meter dazwischen, dann warf ihm jemand eine kurze Leine zu und zog die Rettungsinsel heran. Als er an Bord geklettert war, umarmte er seine Retter überschwänglich. Die See hatte sich beruhigt und war nach einem heftigen Regenguss spiegelglatt, sodass Werner auch den Kat gefahrlos an die Seegurke heran manövrieren konnte. Man machte sich bekannt und Frank der Skipper der Seegurke sagte:

„Bedanke dich bei den beiden da drüben, die haben die richtigen Schlüsse gezogen, sonst wärst du in ein paar Wochen in Panama gelandet."

Werner als Eigner des Katamarans kommentierte das so:

„Das war denn doch eher Teamwork und saumäßig viel Glück. Aber jetzt komm erst mal zu uns rüber und rufe deine Frau an, bevor sie sich einen anderen Skipper sucht."

Henno hatte den Gaskocher angeschmissen und einen großen Pott heißen Tee gemacht, den er mit einem ordentlichen Schluck Rum aufpeppte. Zur Begrüßung sang er spontan das uralte Lied der Fahrensleute: „Was trinken die Matrosen, von allen Spirituosen, am liebsten Rum vallera, Rum aus Jamaiiiika."

Die Spannung löste sich durch diese kleine Gesangseinlage, dann stellte Werner eine Telefonverbindung zum Krankenhaus her und innerhalb kurzer Zeit stand die Verbindung. Birgit und Holger hatten sich naturgemäß einiges zu erzählen und fielen sich telefonisch in die Arme. Als Holger aufgelegt hatte, stellte sich für ihn die Frage, wie er so schnell wie möglich zum Krankenhaus kommen könne, doch das war eigentlich kein Problem, denn seine Yacht lag ja fast unbeschädigt im kleinen Privathafen auf Reirotu und dorthin waren sie ja inzwischen unterwegs, sie musste nur gereinigt werden.

Henno und Werner luden das amerikanische Seglerpaar ebenfalls ein, zu ihrer Insel mitzusegeln, was die beiden gern annahmen. Das Seeklarieren der Slup Cassiopeia dauerte dann doch fast eine Woche, weil die Blei-Säure-Starter Batterien durch die kurzzeitige Überflutung Schaden genommen hatten und ersetzt werden mussten. Die AMG-Batterien für die Kommunikation und die Lenzpumpen hatten keinerlei Schaden erlitten. Die Lieferung neuer Batterien erfolgte durch einen Insel-Hopper, ein Wasserflugzeug, das inmitten des Atolls landete und danach am Außensteg des kleinen Hafens festmachte. Nach einem weiteren Telefonat mit den behandelnden Ärzten war klar, dass Birgit noch mehrere Wochen bis zu ihrer vollständigen Genesung im Krankenhaus bleiben musste. Holger fragte den Piloten, wo er als Nächstes hinfliegen würde. Der erklärte, er hätte nur noch eine Person von Hikueru abzuholen und würde dann nach Papeete zurück-fliegen. Nachdem er dem Piloten seine Probleme geschildert hatte, wurde Holger sich schnell mit ihn einig und flog kurz entschlossen mit, um schnell bei seiner Frau zu sein.

Im Gegensatz zu vielen Blauwasserseglern, die blauäugig ihr gesamtes Hab und Gut versilbert hatten, um sich eine Yacht leisten zu können und danach mit kleinen Portemonnaies, durch die Ozeane schipperten, hatten Birgit und Holger in ihren Berufen genug Geld verdient und sich eine Auszeit gegönnt. Diese >Low-budget-sailor<, trieben sich oft bis ins hohe Alter auf den Weltmeeren herum, meistens ohne Versicherungs-schutz und ohne Aussicht auf eine spätere Rente. Für die Instandhaltung ihrer Yachten hatten sie auch kein Geld. Hinzu kam, dass sich in vielen Regionen doch einiges geändert hatte. Man konnte als Ausländer nicht mehr so schnell wie noch vor Jahren Arbeit finden, auch nicht, wenn man hochqualifiziert war. In vielen Häfen wurden sie abgewiesen, man musste einen Nachweis erbringen, dass man in der Lage war seinen Lebensunterhalt zu finanzieren oder eine Kaution hinterlegen. In Buchten durfte man nicht mehr länger als eine Nacht ankern und so wunderte sich niemand darüber, dass sie dann in der Fremde eines frühen Todes starben, oder einfach in den Weiten der Weltmeere verschwanden.

Werner, Sybille, Maren und Henno ließen ihre besten Genesungswünsche an Birgit Kohlmann ausrichten und luden die beiden zu einem Rekonvaleszenz-Urlaub auf Reitoru ein. Werner hatte von den Insulanern in der Nähe des Wohn- und Gästehauses einen zusätzlichen Steg anlegen lassen, denn er ahnte, dass man weitere Liegeplätze brauchen würde, wenn Sina und Jan zurückkommen würden. Die Maysels lagen mit ihrer >Seegurke< immer noch beim Gästehaus. Man hatte sich angefreundet und sie wollten warten, bis Birgit aus dem Krankenhaus kommen würde, um dann eine richtige Seenotrettungsparty zu feiern. Zu der hatte Holger alle schon eingeladen. Werner war der Ansicht, dass man die altehrwürdigen Insulaner nicht ausgrenzen durfte, ja, man musste sie als Bereicherung der Urbanität begreifen und in den Lebensrhythmus einbeziehen. So wurde die

175

Rückkehr von Birgit zu einem Inselfest. Das hatte sich auch unter den vielen anderen Yacht-People herumgesprochen und so lagen schon lange vor ihrem Ankunftstag beinahe 20 Yachten in der Lagune vor Anker. Moinar hatte auch die >Trommel< geschlagen und so kamen noch viele Freunde und Verwandte der Insulaner mit ihren traditionellen Ausleger-Booten dazu. Werner machte sich Sorgen, wie man all die vielen Leute versorgen sollte. Doch Moinar beruhigte ihn und sagte:

„Unsere Leute organisieren bei Festen immer auch die Getränke und Lebensmittelversorgung, du wirst sehen, es kommen eine Menge Händler, die verkaufen und verdienen wollen."

So war auch dieses Problem gelöst und alle warteten nun auf die Ehrengäste Birgit und Holger.

Essen und Trinken

Ich trinke gern den guten Wein,
aber schön süffig muss er sein.
Gruß an aller Feste Wohlgeschmack,
bis man nicht mehr reinpasst, in den Frack.

Rei©Men

176

Kapitel 16 Das Inselfest und die Firma

Als das Fest begann, schwebte der Insel-Hopper ein, konnte aber nirgendwo festmachen. Alle schauten gebannt was er wohl bringen würde, da gingen plötzlich die Türen auf, sechs Personen kletterten auf die Schwimmer und winkten, dass sie abgeholt werden wollten. Maren und Werner erkannten sie als erste. Als Überraschungsgäste waren außer den Geretteten Birgit und Holger, auch Ruth und Bernd, Sina und Jan angekommen. Natürlich wurden sie mit großem Hallo begrüßt und mit einem Crazy-Bird-Cocktail (Verrückter Vogel) vereinnahmt. Nach der überschwänglichen Begrüßung, erzählten Sina und Jan, dass sie inzwischen in der Heimat geheiratet hatten und nach der Feier, mit den Jägers die beiden Katamarane, die in Martinique lagen, hierher nach Reitoru überführen wollten.

„Ja, wie, wolltet ihr nicht nach Europa segeln?"

„Klar Werner, wollten wir, doch dann sind wir ja in Martinique hängengeblieben. Den Katamaran von Hempel, die Beteigeuze, haben wir günstig aufgekauft, denn die haben „drüben" eingesehen, dass die Überführung sich nicht lohnt und wenn wir ihn nicht selber brauchen, können wir ihn auch hier verkaufen oder verchartern."

„Jan, das war wohl so richtig, wir wollten sowieso den Hafen erweitern. Inzwischen verdiene ich ganz gut mit meiner Praxis, und vielleicht steuerst du noch was bei."

Ruth und Bernd hatten zugehört und Bernd mischte sich ein.

„Wir sollten eine Charterfirma gründen, so könnten wir nebenbei noch etwas dazu verdienen, denn eure Relax liegt doch auch fast ungenutzt im Hafen, was meint ihr?"

„Das ist bestimmt eine gute Idee, die wir verfolgen sollten", mischte sich Jan ein, „doch erst einmal müssen wir die Schiffe hier haben und wie ihr wisst, haben wir ja noch vor den nordamerikanischen Kontinent zu bereisen, bevor wir uns hier niederlassen."

„Das sollte auch kein Problem sein, wir stellen eine Überführungsmannschaft zusammen, die soll nach Martinique fliegen und die Cassiopeia hierher überführen", erklärte Henno. „Wer ist noch dabei, es

177

wird langsam Zeit, dass wir uns den Wind mal wieder um die Nase wehen lassen", was meinst du Maren.

Natürlich war Maren bereit mitzumachen, doch die anderen in der Runde verhielten sich einsilbig. Nach dem Fest kamen Birgit Kohlmann und ihr Freund Holger Barthels zu den anderen und erklärten sich bereit, bei der Überführung mitzusegeln.

"Wisst ihr, ihr habt so viel für uns getan, wir könnten tot sein, deshalb sind wir euch noch etwas schuldig. Wir haben uns schon lange gefragt ob wir nicht hierbleiben sollen, das Problem ist aber, wir müssen nebenbei auch noch etwas Geld verdienen, denn das Ersparte reicht nicht ewig."

"Also, macht euch da mal keine Gedanken, wenn das mit der Chartergesellschaft klappt, brauchen wir sowieso gute Leute, die den Laden schmeißen, da ist jeder Fachmann Gold wert und bevor wir Fremde holen - Moment mal, ihr könntet doch auch eure Yacht mit in die Gesellschaft einbringen, was haltet ihr davon?" Die beiden sahen sich an, man merkte ihnen das stille Einverständnis sofort an und dann sagte Maren:

"Okay, wir überlegen uns das, so eine Chance bekommt man nicht alle Tage, vielleicht machen Edith und Frank mit ihrer Seegurke auch noch mit, dann hätten wir insgesamt sechs Yachten, wir könnten mit und ohne Skipper verschartern und wenn wir Qualität liefern, das heißt saubere, funktionierende Schiffe bieten, spricht sich das schnell herum. Doch jemand muss die Werbung in den USA, in Europa und in Australien übernehmen", dachte sie laut nach.

"Was hast denn du in deinem ersten Beruf gemacht?" fragte Werner.

"Ich war Geschäftsführerin in einem Reisebüro."

"Na also, da hätten wir ja schon mal die wichtigste Position besetzt, alles Weitere wird sich auch noch finden. Ich werde mal die Anmeldung der Firma und die Formalitäten recherchieren und wenn alle wieder hier sind, gründen wir eine Firma."

178

Werner machte sich dann aber doch schon mal ein paar Gedanken, rief die Paare der anderen Yachten zu einer Konferenz ein, die sich der Gruppe angeschlossen und mitmachen wollten. Vorgesehen wurde, dass alle ihre eigene Yacht und zusätzlich 10'000 Euro als Eigenkapital in die Gesellschaft einbringen sollten. Dann gründeten sie die: Polynesia-Good-Chartercompany S.A.R.L. und brachten ihre Schiffe und das Eigenkapital in die Gesellschaft ein. Die Gesellschaftsanteile wurden nach der Wertschätzung der Schiffe und dem eingebrachten Eigenkapital, von einer Tax-Rating agency in Papeete festgelegt und so angenommen. Die Werbung konzentrierte sich hauptsächlich auf Europa und die USA mit dem Slogan: „Erstklassige Charterschiffe, Bar- Boot oder mit Skipper zu erschwinglichen Preisen". Die Polynesier auf der Insel waren als „gelernte Natur-Seefahrer" für eine solche Firma bestens geeignet und machten begeistert in der schnell errichteten Werft mit. Durch die günstigen Personalkosten erwirtschaftete die Firma schon im ersten Geschäftsjahr einen schönen Gewinn, der aber in die Erweiterung der Werft und die Ausbildung der Mitarbeiter investiert wurde. Schließlich brauchte die Gesellschaft Motorentechniker, Elektronikfachleute und nautisches Personal, Segelmacher usw., die im fernen Australien auf Kosten der Firma ausgebildet wurden.

Werner ersehnte die Rückkehr von Jan, der eigentlich die Firma leiten sollte. Allerdings war man sich auch darüber einig, dass diese Aktivitäten nur im begrenzten Maße weiterentwickelt werden durften und ausschließlich dem Zuverdienst dienten, denn man konnte nicht ewig vom Eingemachten leben und musste auch an die nächste Generation denken. Sie sollte ebenfalls eine solide Erwerbsgrundlage erhalten. Auch für die Einheimischen musste die Lebensbasis weiterentwickelt werden. Dennoch durfte alles nicht zu groß werden, die Aktivitäten sollten nur dem Lebensunterhalt dienen, denn auch die Ressourcen des Atolls waren begrenzt. Eine Erweiterung über das geplante Maß hinaus, war nicht akzeptabel, sonst wäre man ja dort gelandet, von wo man zuvor von zu Hause geflüchtet war. Die erreichte

Lebensqualität musste unter allen Umständen erhalten bleiben. Um das zu gewährleisten, gründete man eine Inselverwaltung mit genau festgelegten Statuten, die ähnlich wie ein eingetragener Verein funktionierte.

Lebenszeit

Gib dem Tag doch viel mehr Leben,
gib dem Leben noch mehr Zeit,
es kann nichts Wichtigeres geben,
mehr Lebensqualität hält sie bereit.

Leben reagiert auf Wünsche taub,
heb' sie aus deines Daseins Staub.
Die Zeit rieselt wie der Sand,
viel zu schnell durch unsere Hand.

Sie kann uns sein ein guter Freund,
vielleicht ist sie der ärgste Feind,
doch reicht sie kaum, um zu erfahren,
warum wir hier auf Erden waren.

Wenn wir des Erdendaseins satt,
dann ruft Gevatter Hein uns ab.
Wir sind geweiht in Universums Weiten,
den Sternenstaub auf ewig zu begleiten.

Rei©Men 2016

Kapitel 17 Rückkehr des Paares Sina und Jan

Vor der Überfahrt von Panama nach Französisch-Polynesien, machten Sina und Jan noch einen kleinen Umweg über San Franzisko in Kalifornien und Santiago in Chile. Auf der Rückreise kam es zu einem ungewollten Zwischenstopp auf einer etwas größeren Vulkaninsel. Sie lag in der Nähe des Feuergürtels des pazifischen Tiefseegrabens und hatte einen aktiven Vulkan, der aber keine Aktivitäten zeigte. Das passte gerade, weil sich das Wetter verschlechterte und ein Orkan mit 8 bis 9 Beaufort, mit Windgeschwindigkeiten bis zu 200 km/h vorhergesagt wurde, und da ist man an Land doch besser aufgehoben als mitten auf dem Pazifik. Natürlich immer vorausgesetzt, dass man eine einigermaßen tiefe, geschützte Ankerbucht findet. Immer wenn sich solche Situationen ergaben, nahm Jan seine Taucherbrille und kontrollierte den Ankergrund. Als er wieder hochkam, schüttelte er den Kopf und wusch seine Brille aus, anscheinend hatte er Schlamm oder etwas Ähnliches abbekommen.

„Was hast du", fragte Sina, als er wiederauftauchte.

„Das sieht nicht sehr gut aus, der Anker sitzt fest im Schlamm, doch in der Nähe gibt es jede Menge Erdspalten, aus denen so ein schwarzer Rauch aufsteigt,"

„Habe ich auch schon bemerkt, hier stinkt es mächtig nach Schwefel, wir sollten uns einen anderen Ankerplatz suchen."

Jan studierte noch mal die Seekarte, die ja in der Regel eine größere Genauigkeit aufweist, als der Plotter. Sina stand daneben und zeigte auf eine kleine versteckte Bucht, die aber sehr schmal erschien, aber weiter weg vom Vulkankrater im flacheren Teil der Insel lag.

Da sie schon mehrere Nächte durchgesegelt waren, wollten sie sich ein paar Tage erholen, denn ein richtiger Nachtschlaf kam doch nicht auf, wenn man unterwegs war. Auf dem Pazifik war nicht viel los, das Annäherungsradar lief mit und wenn sich ein Schiff näherte, gab es Alarm. Je nach Einstellung wurden treibende Gegenstände oder andere Seefahrzeuge bis zu fünf Seemeilen Abstand angezeigt. Die Wache wurde alle vier Stunden gewechselt, man konnte aber durch diese Einrichtung zwischendurch schon mal eine Stunde „schlafen" oder besser gesagt: „eindösen", dann klingelte unbarmherzig der Rundumblick-Wecker, den man so eingestellt hatte, dass er die Wache immer wieder weckte. Zudem ließen sie den Notruf-Kanal 16 immer mitlaufen. Das ist bei der Berufsschifffahrt zwingend vorgeschrieben, bei Seglern jedoch nicht, aber trotzdem wichtig, denn bei Schiffsunglücken sollte man helfen, wenn man sich in der Nähe befindet, denn manchmal konnte es ja passieren, dass man selber dringend Hilfe benötigte.

„Gut", sagte Jan, „versuchen wir es dort noch mal."

Eine halbe Stunde später fuhren sie unter Motor in die sich schnell verengende Bucht ein, die wie sich herausstellte, eigentlich ein kleiner Bach war und sauberes Wasser führte.

Der kleine Wasserlauf endete in einer Lagune und markierte dort eine üppige Vegetation. Wie in fast jedem Riff gab es eine Durchfahrt, denn ein Süßwasserlauf hemmt in der Regel den Korallenwuchs. Hier war das Wasser tief genug und sie folgten dem klaren fischreichen Bach noch etwas in den beginnenden Dschungel hinein. Ein paar Meter vom Ufer entfernt legten sie Anker, dann brachten sie zusätzlich zwei Leinen aus, die sie an den Uferbäumen auf Slipp legten. Die vorn in der Strömung befindlichen Festmacherleinen brachten sie länger aus, dazu kamen noch eine Heck- und eine Achterspring, so wurde der Bug durch die geringe Strömung automatisch von Ufer zur Mitte des Flusses gedrückt, eben die klassische Vorgehensweise in solchen Fällen, damit das Schiff nicht auf das Ufer gedrückt wurde. Jan überlegte, ob sie nicht besser noch eine weitere Festmacherleine zum anderen Ufer ausbringen sollten, doch dann hätte er von Bord gehen müssen und das wollte er in dem unübersichtlichen Äste- und Steingewirr nicht riskieren, die Verletzungsgefahr wäre zu groß gewesen.

Als es hell wurde, staunten sie nur noch, was sie hier entdeckt hatten und freuten sich darüber. An mehreren Stellen hatten sich Steinbarrieren gebildet, die das Wasser aufgestaut hatten. In den Tümpeln dieser Ökonische hatten viele Fischarten eine Heimat gefunden. Die überhängenden Äste schatteten das Wasser ab, sodass eine angenehme Temperatur in dem kleinen Flusstal herrschte. Die Idylle lud zum Bleiben ein. Sina konnte sich nicht sattsehen, schlug vor ein paar Tage zu bleiben und kleine Ausflüge in die Berge zu machen. Am nächsten Morgen packten sie ihre Schlafsäcke, die Camping- und Survival-Ausrüstung zusammen und gingen los. Nach zwei Stunden erreichten sie ein Hochplateau, das durch erkaltete Lavaströme entstanden war. Am Abhang und Ende des natürlichen Hochplateaus stand zu ihrer größten Überraschung eine Cessna-Caravan. Sie sah so aus, als wäre sie gerade gelandet. Sie schauten sich das Wunderwerk menschlicher Technik verwundert an, doch wo war der Pilot, die Passagiere und das Bodenpersonal. Nichts deutete darauf hin, dass es hier so etwas wie einen Flugplatz gab. Als sie sich die Szene genauer ansahen bemerkten sie, dass am Fahrwerk ein Rad abgerissen war. Es lag unter einem mit Steinen und einer Aluminiumleiter abgestützten Flügel. Jemand hatte wohl versucht das Fahrgestell zu reparieren, war aber nicht fertig geworden. Doch, wo war der Pilot? Jan besaß selber eine Fluglizenz für Sportflugzeuge. Sein Vater, der ein leidenschaftlicher Sport- und Segelflieger war, hatte ihm dazu geraten. Jan hatte sich dann aber der Segelei verschrieben, die Lüfte waren ihm suspekt. Es reichte ihm, wenn er mehrere tausend Meter Wasser unter seinem Schiff hatte. Der Luftozean dagegen, war aber nach oben und unten gefährlich offen. Er lief um die Cessna herum und fand, dass an dem Flugzeug alles, außer dem abgerissenen Rad, in Ordnung zu sein schien. Das war wohl bei der Landung abgerissen worden. Dann öffnete er eine Tür und schaute vorsichtig hinein, denn er nahm immer noch an, dass jemand anwesend war. Aus dem Inneren kam ein unangenehmer Dunst heraus, er musste sich abwenden, riss dann jedoch die Tür zum Lüften vollends auf. Sina hatte die andere Tür geöffnet und rief Puuuhhh... das stinkt ja fürchterlich. Jan schaute sich inzwischen das abgerissene Fahrwerk genauer an. Jemand hatte versucht, die Streben wieder zu verschrauben, war aber mangels Materials und starker Bolzen daran gescheitert. Nachdenklich überlegte er und kam zu dem Schluss, dass er diesen Schaden eigentlich mit seinen Bordmitteln reparieren konnte. Er schaute sich noch einmal nach allen Seiten um, aber von dem Piloten fehlte jede Spur. Die Luft im Cockpit hatte sich verbessert und Sina war in den Pilotensitz geklettert und studierte die Anzeigen. Doch davon verstand sie nichts, deshalb rief sie:

„Jan, komm doch mal her, kannst du mir die Instrumente erklären."
Der brummte etwas von Werkzeug holen und Metallstreben. Doch dann wandte er sich um und stieg ein. Die Tür zur Fluggast- und Frachtkabine, war nur angelehnt, er drückte sie noch ein wenig weiter auf und zuckte zurück. Auf den hinten längs angeordneten Sitzbänken, lag eine mumifizierte Leiche.

Als die beiden den ersten Schock überwunden hatten, schauten sie sich den toten Piloten genauer an. An seinem linken Bein war unten die Hose aufgeschnitten. Um den Unterschenkel wand sich ein verschmutzter Verband, der von angetrocknetem Blut und Sekreten durchtränkt war. Offensichtlich war er an der Verletzung gestorben, die er sich bei der Landung zugezogen hatte. Sina sagte:

„Ein offener Bruch, der unbehandelt und ohne Antibiotika zur Sepsis führt."
„Wahrscheinlich hast du recht, aber schau mal hier."
Auf dem Tisch lag ein aufgeschlagener Block, auf dem eine Seite vollgeschrieben war. Sina nahm ihn in die Hand und übersetzte aus dem Englischen:

Tagebuch von Kenneth Hargin

Mein Testament Unbekanntes Eiland 22.10.2010

Ein gängiger Spruch von Piloten besagt:
„Irgendetwas geht trotz guter Wartung und Kontrollen vor dem Start doch noch kaputt."

„Plötzlich begann mitten auf dem Pazifik der Motor zu stottern. Ich versuchte ihn wieder zu voller Leistung zu motivieren, doch er ließ weiter

nach. Kurz zuvor hatte ich im Tiefflug einen aktiven Vulkan überlogen. Ich dachte, weil ich keine Passagiere habe, kann ich mir das mal von oben aus etwas genauer ansehen. Das hätte ich lieber bleiben lassen sollen. Jedenfalls sehe ich es als Hauptursache für die Havarie an. Ich überlegte was zu tun war, denn bis nach Haiti, würde ich es bestimmt nicht schaffen. Deshalb flog ich zu der eben überflogenen Insel zurück. Ich wollte dort am Strand landen um die Maschine eventuell zu reparieren. Doch im Anflug verlor ich schon zu viel Höhe, doch dann sah ich dieses vom Krater sanft herunterführende Felsplateau und beschloss darauf zu landen. Leider blieb mir keine Zeit einen Notruf abzusetzen. Die Landung klappte auch ganz gut, doch ich musste sehr stark abbremsen, die Maschine scherte durch Seitenwind etwas aus, krachte mit dem Rad gegen einen Felsklotz und drehte sich seitlich weg. Weil ich in der Eile auch noch vergessen hatte mich vor der Landung anzuschnallen, flog ich durch die Schleuderwirkung in den Copiloten-Sitz rüber, dann blieb die Maschine liegen. Mein Fuß war unter den Seitenruder-Pedalen hängen geblieben und ich brach mir durch den heftigen Aufprall das Schienbein. Zum Schienen des Bruchs fand ich auf dem Plateau kein Material. Ich versuchte noch die Tragfläche anzuheben, damit ich das kaputte Fahrwerk wieder reparieren konnte. Das gelang einigermaßen, aber für die Reparatur der Radaufhängung fehlte mir eine Bohrmaschine. Ja, und dann entzündete sich der Bruch, ich bekam starkes Wundfieber und das Ende werdet ihr ja nun gefunden haben, wenn ihr diese Zeilen lest. Dieses Flugzeug ist mein ganzer Besitzstand und ich vermache alles was sich darin befindet, demjenigen oder denjenigen Leuten, die mich finden und dafür sorgen, dass ich eine christliche Bestattung in meiner Heimatstadt bekomme.

Unterschrift Kenneth Hargin geb. am 13.05.1971 in Hull, England

„Ein erschütternder Bericht", sagte Sina, „hoffentlich hat er nicht allzu lange leiden müssen."
„Was machen wir denn nun?" fragte Jan.
„Jemand benachrichtigen, der sich um den Toten kümmert."

185

„Das geht nicht, dann müssen wir hierbleiben, du darfst nicht vergessen, dass wir eben ein Flugzeug geerbt haben. Erst müssen wir schauen, wie wir das nachhause bekommen. Wenn die Behörden eingreifen, weiß ich nicht, was passieren wird und theoretisch dürfen wir es erst abholen, wenn wir einen Erbschein bekommen haben und das kann dauern."

„Du hast recht, wir machen Fotos und bleiben hier, bis alles klar ist", dachte Sina nach. „Weist du was, ich rufe meinen Vater an, der ist Rechtsanwalt, er soll uns mal beraten."

Cessna-Caravan

Sinas Vater sagte, er müsse sich erst mal „schlau" machen und würde wieder anrufen. Der Anruf kam dann am nächsten Tag, er vermutete richtig, dass man den Behörden in diesem Fall nicht trauen könne, das Beste wäre das Flugzeug mit seinem Inhalt nach Französisch-Polynesien zu bringen, weil der tote Pilot von dort gekommen sei und auch sein Flugzeug dort gemeldet wäre und erst dort mit den

186

Behörden Kontakt aufzunehmen. Damit hatten sie ein weiteres Problem, sie mussten einen erfahrenen Piloten finden der in der Lage war, die Maschine sicher von dem Felsplateau zu starten und mindestens bis nach Hikueru fliegen konnte. Jan überlegte, die Maschine selber zu fliegen, doch das Risiko ein unbekanntes Flugzeug aus einer so gefährlichen Situation herauszubringen, wollte er nicht eingehen.

„Weißt du was, wenn die Maschine zwei Jahre lang nicht entdeckt wurde, wird sie auch in den nächsten vier Wochen keiner finden und bis dahin kannst du doch mit einer ähnlichen Maschine üben."

„Stell dir das nicht so einfach vor, wenn es um Starts und Landungen auf normalen Pisten geht, könnte ich das schon machen, aber um die Maschine von dem Felsplateau herunter zu bekommen, braucht man mehr Erfahrung und fliegerisches Können, dass erwirbt man nur in langen Berufsjahren."

„Weißt du was, wir rufen jetzt erst mal Werner an, vielleicht hat der eine Idee."

Doch der hatte auch keine Ahnung wie man das Problem lösen konnte, sagte aber, er wolle sich mal bei den Einheimischen umhören und melde sich dann wieder. Einen Tag später ergab sich die Gelegenheit mit Moinar zu sprechen, der war gerade wegen der Hafenerweiterung rübergekommen. Sie sprachen auch über die zu gründende Chartergesellschaft und den möglicherweise zu schaffenden Arbeitsplätzen, für die kleine Bevölkerungsgruppe. Dann kam er auf das Problem mit dem Piloten, allerdings sagte er Moinar nicht alles, sondern nur, dass Jan einen Berufspiloten für eine spezielle Aufgabe sucht. Die Altinsulaner hatten inzwischen so viele guten Erfahrungen mit den Neuinsulanern gemacht, deshalb fragte er ihn nicht weiter aus und vertraute ihm einfach. Denn immer dann, wenn sie etwas machten, kam auch für sie immer etwas Gutes dabei heraus. Er dachte kurz nach, dann erinnerte er sich an seine Nichte Jaimina.

„Ich weiß nicht, ob du mitbekommen hast, dass meine Nichte einen Europäer geheiratet hat, ich glaube der ist Pilot, ich bringe ihn morgen mal mit, es kann ja nicht schaden, wenn ihr euch kennenlernt."

„Gut Moinar, aber wenn es geht gleich morgen! Da wäre dann noch was, wir brauchen noch weitere Bungalows, du siehst ja, wie das

aussieht, wir müssen den Zuwachs unterbringen, die können nicht ewig auf ihren Schiffen wohnen und außerdem wollen wir sie ja verschartern. Wenn Henno zurück ist, wird er dir einen Plan vorlegen."
„Gut dann bis morgen Werner."

Am nächsten Tag brachte er Max, den Schweizer mit. Er fragte ihn, welche Maschinen er bisher als erster Pilot geflogen hatte.

„Ich war zehn Jahre lang bei einer Regional Fluggesellschaft. Geflogen habe ich eigentlich fast alles was Flügel hat: Cessnas, Piper-Meridian, Turboprops und kleine Business-Jets."

„Max, würden sie eine Spezialaufgabe übernehmen? Vor der Chilenischen Küste ist eine Cessna-Caravan auf einem Felsplateau notgelandet, wir suchen einen Piloten, der sie wieder nachhause fliegt."

„Ja, da müsste ich schon genaueres wissen."

„Kein Problem, wir haben einen Piloten vor Ort, doch der hat zu wenig Erfahrungen und diesen Flugzeugtyp hat er auch noch nicht geflogen, aber natürlich kann er Ihnen Hilfestellung geben. Am besten wir rufen ihn gleich mal an."

Als sich Jan meldete, erklärte er Max die Situation. Allerdings ohne etwas von dem toten Piloten an Bord zu erwähnen. Jan hatte die Maschine überprüft. Die Tanks waren noch dreiviertel voll, denn der Pilot hatte anscheinend vor gehabt den Pazifik von West nach Ost zu überfliegen. Selbst die Batterien waren vollgeladen. Jan hatte das erwartet, weil die Maschine wegen der Einsätze auf den Inseln, Solarzellen auf dem Rump besaß, die immer den vollen Ladezustand der Batterien gewährleisteten. Aus dem Flugplan ging hervor, dass er in Honolulu auf Hawaii zwischenlanden wollte. Jan hatte in den letzten Tagen das Fahrwerk geschient und den Motor überprüft. Dabei stellte er die Ursache für den Beinahe-Absturz fest. Der Pilot war in seiner Neugier dem stark rauchenden Vulkan zu nahegekommen, dabei hatte der Motor zu viel Feinstaubpartikel angesaugt und dabei waren die Filter verstopft worden. Wie bei allen diesen „Buschpiloten und Insel-Hoppern", fand er an Bord eine große Menge Ersatzteile vor, natürlich auch Kerosin- und Luftfilter. Nachdem sie ausgetauscht waren, startete er den Motor. Zu seiner Freude sprang er sofort an, doch er stellte ihn vorsichtshalber gleich wieder ab. Das alles erzählte er Max, der hörte sich das an, stellte noch ein paar Fragen zur Länge und zu dem Gefälle der Startbahn, die ihm Jan beantwortete.

„Jan", sagte er zu ihm, „ich muss mir das vor Ort noch genauer ansehen, doch so wie du das schilderst, müsste es machbar sein. Am besten ich chartere hier eine Maschine und lass mich rüber fliegen. Gib mir mal die genauen Koordinaten von eurem Schiff."

„Also, das ist die „Isla San Benedicto", wir liegen in der einigermaßen durch Korallenbänke geschützten Nord-West Bucht in: 19° 19' 36,01" N 110° 48,05' 43". Beim Chartern soll dir Werner helfen, natürlich bezahle ich das alles. Es gibt hier keine Landebahn, du musst unbedingt ein Flugzeug nehmen, das Schwimmer hat. Wenn ihr im Anflug seid, nimmst du mit mir Kontakt auf, ich weise euch dann ein und Sina holt dich mit unserem Dinghi ab."

„Gut, wenn noch was ist, melde ich mich nochmal."
Zwei Tage später, kam der Anruf von Max:

„Also, der Plan ist wie folgt. Wir fliegen erst zu euch, dann schauen wir uns mit dem einheimischen Piloten alles genau an und machen einen Rollversuch. Wenn das klappt, und wir bekommen die Maschine den Berg hoch, fliege ich mit Fallschirm und in Begleitung des Wasserflugzeugs nach Hikueru, das ist der nächste größere Flughafen. Dort muss die Maschine nochmal durchgecheckt werden. Wenn wir dort Schwimmer bekommen, lass ich sie montieren, dann können wir in Reitoru in der Lagune landen. Wenn sie erst passende bestellen müssen, fliege ich mit dem Wasserflugzeug zurück nach Reitoru und wir holen die Maschine ab, wenn alles fertig ist."

„Danke Max, alles klar, lass dir von Werner eine Kreditkarte geben. Wir erwarten euch dann hier." „Okay, Werner hat mich wegen des toten Piloten angesprochen, deshalb habe ich mit den Behörden in Honolulu Kontakt aufgenommen, die stellen einen Beamten ab, der mitfliegen wird und die Formalien erledigen will, weil der Leichnam ja nach Europa überführt werden soll, geht das von dort aus am besten. Wir bringen auch noch einen Leichensack mit." „Okay, dann bis bald, Over."

Kapitel 18 Die Verhandlung

Zur Verhandlung waren Ruth, Bernd Jäger und weitere hohe ehemalige SED-Parteigrößen als Zeugen geladen worden. Hempel saß mit seinem Anwalt auf der Anklagebank und ignorierte die ehemaligen Genossen. Die Zeugen waren auf dem Flur des Amtsgerichtes in Leipzig versammelt. Als sie Ruth und Bernd sahen, ging ein Raunen durch die Gruppe. Einer sagte, *„Dass ihr euch noch hierher traut, ihr müsstet doch längst im Gefängnis sitzen."*

Die beiden ließen sich nicht provozieren. Bernd sagte nur:

„Wir haben uns nichts zuschulden kommen lassen – und ihr passt mal besser auf, dass ihr nicht selber im Knast landet."

Es war halt immer dasselbe Spielchen im Gange, das entsteht, wenn man Angst hat oder verunsichert ist. Dann tut man sich mit der alten, bewährten Connection zusammen und hofft, dass man von ihr unterstützt wird. Insgeheim waren sich die meisten der ehemaligen Funktionäre im Klaren, dass sie vielfältige Schuld auf sich geladen hatten. Doch einige hartgesottene Typen waren sich offensichtlich keiner Schuld bewusst, ja sie trauerten der verlorenen Position, der damit verbundenen Würde und den Annehmlichkeiten nach. Im hintersten Kämmerlein ihres Herzens wussten sie jedoch, dass die Partei, und das waren sie alle gewesen, viele Fehler gemacht hatte, insbesondere was die Menschlichkeit anging. Einer, der Ruth schon seit der Schulzeit verehrt und bewundert hatte, trat zu ihnen und nahm das Paar in Schutz.

„Wir wissen doch alle nicht was damals passiert ist, ich kenne Ruth seit wir Kinder waren. Als wir damals anfingen den Sozialismus aufzubauen, waren wir alle von der Möglichkeit begeistert, aus Deutschland ein gerechtes Land zu machen, aber man hat uns betrogen. Das merkten wir dann bald. Als Stalin unsere alten SPD-Genossen verhaften ließ, kamen mir die ersten Zweifel. Doch dann starb er und wir hofften wieder, das neue Deutschland aufbauen zu können, so hieß dann ja auch unsere Zeitung „Neues Deutschland", doch das haben Leute wir ihr vermasselt. Ihr habt doch nur eure Parteikarriere im Kopf gehabt und euer gutes

190

Leben, genau das Leben, welches wir den Arbeitern und Bauern verspro-
chen hatten, aber die bekamen es nicht, die mussten kuschen, ihre
Schnauze halten und funktionieren. Und jetzt tut ihr so, als hättet ihr
das alles nicht gewusst und nicht mitgemacht. Ruth und Bernd haben
sich in die innere Isolation begeben. Was hätten sie denn tun sollen, wei-
ter so, das ging auch nicht, also sind sie ausgestiegen. Ihr wisst doch alle
nicht, wo die Partei-Kasse geblieben ist, deshalb ist es einfacher Ruth
und Bernd dafür verantwortlich zu machen. Jetzt wartet erst mal ab,
was bei der Verhandlung herauskommen wird. Eins will ich euch noch
sagen: Macht euch endlich ehrlich, hört mit der Heuchelei auf, ihr habt
jetzt - hier und heute die Möglichkeit mit der Vergangenheit abzuschlie-
ßen, eine weitere Chance bekommt ihr nicht mehr. "

Nach dieser langen Rede, begann auf dem Flur eine endlose De-
batte über die Fehler die gemacht wurden, die alle darauf hinaus"lie-
fen, dass „Die Partei" und „Die Stasi mit Mielke an der Spitze", an al-
lem schuld waren. Dann rief der Gerichtsdiener das Publikum, die Zeu-
gen, die Anwälte, die Staatsanwälte und den Angeklagten auf vor Ge-
richt zu erscheinen, sie standen auf und warteten, bis der Richter alle
bat sich wieder zu setzen.

„Bevor wir beginnen, möchte ich alle Anwesenden darum bitten,
sachlich zu bleiben. Es geht in diesen Prozess nicht darum Schuldzuwei-
sungen zu verteilen, sondern vielmehr um die Aufarbeitung der DDR-
Partei-Vergangenheit und im speziellen Fall darum, ob nachgewiesen
werden kann, dass der Angeklagte sich schuldig gemacht hat, ob er, wie
ihm vorgeworfen wird, die Geld- und Devisenreserven der Leipziger Par-
teileitung veruntreut hat. Ich bitte nun die Zeugen den Saal zu verlassen
und im Zeugenraum zu warten, bis sie aufgerufen werden."

Der Staatsanwalt begann nun lang und breit die Anklage gegen
Hempel zu verlesen.

„Herr Hempel, sie wurden von ihren ehemaligen Parteigenossen in
Südamerika ausfindig gemacht und als sie merkten, dass man sie ent-
deckt hatte, flüchteten sie mit einem Katamaran, der auf ihren Namen

registriert war. Woher stammt das Kapital, für den Ankauf des Schiffes?"

Für Hempel antwortete nun sein Anwalt:

"Herr Staatsanwalt, der Angeklagte muss hierzu keine Angaben machen."

"Angeklagter, woher stammt der Inhalt des Geld- und Devisenkoffers, den Frau und Herr Jäger auf dem obengenannten Schiff gefunden haben?"

"Mein Mandant möchte auch hierzu keinerlei Angaben machen."

Der Richter schaltete sich ein und ließ den ersten Zeugen aufrufen.

"Herr Jäger, wer verwaltete das Parteivermögen der Leipziger Parteileitung?"

"Der Kassenwart Herr Rösler und die Buchprüfer Wehner und Kinzig."

"Hatten sie oder ihre Frau Zugriff auf die Parteikasse?"

fragte der Staatsanwalt.

"Nie, wenn ich Ausgaben für die Partei hatte, wurden sie mir oder den anderen Angestellten aus der Kasse der Bunker-Verwaltung erstattet. Wir hatten immer nur zirka 1000 DDR-Mark Einlage in dieser Kasse. Die Abrechnung mit der Hauptkasse erfolgte jeweils dann, wenn der Geldvorrat zur Neige ging. Unsere Sekretärin Frau Bauer wohnte ebenfalls in Leipzig, sie fuhr regelmäßig zur Hauptkasse und rechnete mit dem Kassenführer ab."

"Herr Jäger, gab es nur diese eine Kasse?"

"Ich habe nie eine andere Kasse gesehen. Größere Beträge wurden sowieso über Rechnungen von der Hauptstelle bezahlt."

"Wo ist diese Kasse geblieben?"

"Da müssen Sie Frau Bauer fragen."

Frau Bauer, eine kleine, ältere Person wurde nun aufgerufen und befragt. Sie erklärte, dass nur noch 200 bis 300 DDR-Mark in der Kasse waren - und, dass sie nicht wisse wo die Eisenkassette geblieben ist. Der Staatsanwalt hakte nach:

192

„Frau Bauer, sie waren doch für diese Kasse verantwortlich und müssen wissen was damit geschehen ist."

„Nein, Herr Staatsanwalt, die Kasse lag immer unten in meinem Schreibtisch. Ein paar Tage nach Öffnung der Mauer erhielt ich die Nachricht, dass der Bunker von Demonstranten gestürmt worden ist, ich solle zunächst nicht mehr zur Arbeit kommen. Ich bin seither nie mehr in Machern gewesen."

„Gab es noch weitere Kassen in der Verwaltung oder im Bunker?"

„Ja, da gab es noch einen Tresor, aber was da drin war weiß ich auch nicht."

„Danke, warten sie bitte draußen", entließ der Richter die Zeugin.

„Herr Jäger, wissen sie was sich in dem Tresor befand?"

„Nicht genau, aber als er einmal offenstand, sah ich darin eine Menge Aktenordner."

„Hatten sie den Eindruck, dass der Tresor als Geldschrank oder als Aktenschrank genutzt wurde?"

„Eher als Aktenschrank."

„Hatten sie Zugang zu diesem Tresor?"

„Nein."

„Wer hatte denn einen Zugang?"

„Nur Herr Hempel, andere Parteigenossen habe ich an dem Tresor nie gesehen."

„Herr Hempel, wissen sie was sich in diesem Tresor befand? Ich mache sie darauf aufmerksam, dass sie Ihre Lage nur verbessern können, wenn sie zur Aufklärung beitragen?"

Hempel besprach sich mit seinem Anwalt, dann machte er seine Aussage:

„In dem Tresor befanden sich ausschließlich Anweisungen für den Fall X, also, wenn ein Krieg ausgebrochen wäre. Es war vorgesehen, dass ich in diesem Fall die Parteikasse aus Leipzig in den Bunker mitnehmen und in den Tresor legen sollte."

„Dann befand sich also überhaupt kein Geld im Bunker?"

„Nein, das wäre nur im Kriegsfall so gewesen."

Der Richter wandte sich nun an Bernd Jäger, den man ja des Diebstahls des SED-Vermögens beschuldigt hatte:

„Herr Jäger, das entlastet sie ja nun, ich hätte nur noch gern gewusst, woher ihr Vermögen stammt, von dem sie zurzeit leben?"

„Meine Frau hatte nach der Wende die Felder aus ihrem elterlichen Erbe von der LPG zurückerhalten und sie dann wieder an die Agrar-Initiative verkauft, das können sie jederzeit überprüfen."

„Gut, ich entlasse sie als Zeugen vorläufig, halten sie sich aber noch zur Verfügung."

Es erfolgten nun weitere Zeugenvernehmungen, die aber den Sachverhalt bis hier bestätigten. Danach wurde ein weiterer Zeuge aufgerufen.

„Herr Färber, wer hatte alles Zugriff auf das Parteivermögen, außer Herrn Hempel?"

„Meines Wissens kommen nur Hempel und die Befehlshaber in Leipzig, Generalleutnant Peter Wendschuh, Leiter der Bezirksverwaltung des MfS und Generalmajor Albert Michels, Chef des NVA-Militärbezirks in Frage." (Namen geändert)

„Na, dann wollen wir die Herren doch mal anhören", verkündete der Richter. Als beide Herren im Zeugenstand standen fragte der Richter:

„Also, meine Herren, wie war das, wer hatte Vollmachten oder Zugriff auf die Konten der Partei oder die sonstigen Vermögens-werte?"

Wendschuh meldete sich und sagte:

„Herr Richter, wir hatten in unserem Bezirk nur eine kleine Bargeldkasse, die von unserer Frau Behrends verwaltet wurde. Sie war mit dem dazu gehörigen Bankkonto nur der Abrechnungsstelle in Berlin verantwortlich. Einmal im Jahr kam ein Kassenprüfer und kontrollierte den Geldverkehr. Wir von der Parteileitung hatten damit nichts zu tun. Wenn größere Zahlungen anstanden, wurden die Rechnungen in Berlin eingereicht."

„Verfügte die Partei-Leitung in Leipzig über größere Geld- Divisenoder Goldreserven?"

194

„Nein, nicht das ich wüsste, dafür war die Zentralbank der DDR zuständig."

„Können sie sich vorstellen, woher die Devisen in Pfund und Dollar stammen, die im Koffer von Herrn Hempel gefunden wurden?

„Nein, denkbar wäre nur, dass Herr Hempel vom Zentralkomitee einen Auftrag erhalten hatte, die Devisen außer Landes zu schaffen. Damals ging ja alles völlig durcheinander, niemand kann heute noch sagen was da alles ablief."

Der Staatsanwalt meldete sich nun wieder:

„Herr Hempel, von wem oder woher hatten sie das Geld?"

„Herr Staatsanwalt", nahm der Anwalt die Frage auf, „mein Mandant möchte sich dazu nicht äußern, aber in dem gefundenen Koffer wurde eine Geldübergabe-Quittung und eine Abrechnungsliste gefunden, die offensichtlich von Herrn Hempel stammt. Der Differenzbetrag wurde von meinem Mandanten für seinen Lebensunterhalt und für den Ankauf des Segelschiffes ausgegeben. Der Erlös aus dem Verkauf, muss der Summe wieder zugeschlagen werden. Damit belaufen sich die Ausgaben meines Mandanten in den vielen Jahren, auf unter einhunderttausend Dollar."

Von mehreren Seiten wurden noch Fragen und Anträge gestellt, die alle zu keinerlei weiterer Aufklärung führten. Der Richter beendete die Zeugenbefragung und forderte den Staatsanwalt auf sein Plädoyer zu halten. Der machte es kurz:

„Hohes Gericht, meine Damen und Herren, wir haben es hier mit einem postkommunistischen Kriminalfall zu tun, der vermutlich nicht mehr aufgeklärt werden kann. Immerhin verdanken wir Herrn Jäger und seiner Frau, dass die veruntreuten Partei-Gelder wieder zurückgeführt werden konnten. Herrn Hempel muss zugutegehalten werden, dass er einigermaßen sparsam mit dem ihm anscheinend vom Zentralkomitee der SED übertragenen Geldmitteln umgegangen ist. Diese Straftat ist allerdings inzwischen verjährt. Für den Angeklagten spricht *auch, dass er penibel über die Ausgaben Buch geführt hat. Ich beantrage daher, das Verfahren einzustellen."*

"Herr Anwalt, möchten sie dazu noch etwas sagen?"

Hempel und sein Anwalt schauten sich kurz an, beide schüttelten unmerklich den Kopf, dann sagte der Rechtsanwalt:

"Ich möchte mich für das fair geführte Verfahren bei allen beteiligten bedanken und schließe mich den Ausführungen der Staatsanwaltschaft an."

Da auch Hempel nichts mehr sagen wollte, zog sich das Gericht zur Beratung zurück. Nach einer Viertel-Stunde verkündete der Richter:

"Das Verfahren wird eingestellt, die Kosten trägt die Staatskasse, die Sitzung ist geschlossen."

Damit fand die lange Zeit offene Frage nach dem Verbleib der Parteigelder endlich ihr Ende. Die ehemaligen Parteigenossen, versammelten sich nun um die Jägers und es kam zu einer seit langer Zeit fälligen Aufarbeitung der Ereignisse um den 09. November 1989, auch Hempel gesellte sich hinzu und musste noch viele Fragen seiner ehemaligen Kollegen beantworten.

Geld bekommt in jeder Phase des Lebens,
eine andere Gewichtung des Gebens oder Nehmens.

Rei©Men

Aus der Bankberatung ist die Bankberaubung geworden.

Rei©Men

Im Mittelalter wurde das Geld unter der Feuerstelle vergraben. Diese Praxis
sollte man wiederaufnehmen, denn das Risiko das es verbrennt, ist wesentlich ge-
ringer, als es den Banken anzuvertrauen.

Rei©Men

196

Kapitel 19 Der Start und die Heimkehr

Die See war ruhig, der Wind ablandig und das Wasserflugzeug mit Max befand sich im Anflug. Jan stand mit einer Handfunke auf der Huck, dem südlichen Inselvorsprung, der weit in die See hinausragte. Der Pilot, der sich mit „there is Tom" meldete, frage ihn nach den vorherrschenden Bodenwinden, die im Gegensatz zu den Winden in der Flughöhe von den örtlichen Gegebenheiten verändert und abgelenkt wurden. Jan hatte seine Hoheitsflagge, dass >Bundesdeutsche Schwarzrotgold<, die sonst immer am Heck seines Schiffes hing, vom Flaggenstock geholt und hielt sie hoch. Der Pilot drehte im Tiefflug noch eine Runde und setzte dann entgegen der Windrichtung auf der langen Dünung auf. Sina erwartete die Maschine schon mit dem Dinghi und fuhr dem Flugzeug entgegen. Man verständigte sich kurz und dann zeigte sie dem Piloten den Weg durch die Felsen und Korallengürtel in die Bucht hinein. Das Flugzeug legte seinen Anker außerhalb des Schwoi-Kreises des Schiffes, Sina nahm die drei Personen mit ihrem Kleingepäck in Empfang, brachte sie an Bord der >Oase der Lebensfreude< und zeigte ihnen ihre Kojen. Man machte sich bekannt, die mitgebrachten frischen Lebensmittel und das Obst wurden verstaut, Jan war auch zurück und mixte schon für alle einen Begrüßungsdrink.

„Ja dann, auf gutes Gelingen der ganzen Aktion und weil wir gerade so schön beisammensitzen, würde ich gleich mal die Kompetenzen abklären. Meine Frau und ich haben die Maschine entdeckt, wir sind laut Testament des Toten, Herrn Kenneth Hargin, die Erben, bezahlen die Kosten der Bergung und der Beerdigung. Deshalb übernehme ich die Gesamtführung des Unternehmens, für die fliegerischen Angelegenheiten ist der Pilot Herr Tom Jaspers zuständig. Für die Abwicklung des Todesfalles und des Testamentes der Beamte Herr Joffre Stiller. Ich hoffe sie sind alle mit dieser Regelung einverstanden".

Da sich niemand meldete fuhr er fort:

„Wenn das Wetter hält, können wir morgen früh mit den Arbeiten beginnen. Noch Fragen? Also dann, wenn es keinen Widerspruch gibt, auf gutes Gelingen. Cheers."

Es begann nun doch noch eine längere Diskussion über das weitere Vorgehen.

„Okay", meinte Max, *„ich werde versuchen das Flugzeug heil in die Luft zu bekommen, Tom wird mich dabei beraten.*

Eine Haftung kann ich nicht übernehmen und danach fliege ich erst mal zur „Isla Socorro" zum Auftanken und dann weiter nach Hikueru. Tom war so freundlich mich mit der Piper vertraut zu machen und bevor wir nach hier starteten, hatte ich die Gelegenheit mehrere Kurzstarts zu üben. Ich möchte euch auf die Tatsache hinweisen, dass so ein Start missglücken kann, dabei riskiere ich meinen Hals. Notfalls muss ich notwassern, dann ist die Maschine verloren."

„Max, ich hoffe, du schaffst das, denn wir brauchen auf Reirotu dieses Flugzeug und dazu auch noch einen Piloten, und zudem hoffe ich, dass du mich soweit trainieren kannst, dass ich die Maschine auch bald fliegen kann."

Man konnte zuschauen, wie sich die besorgte Miene von Max aufhellte, hatte er richtig gehört, er sollte, nein er durfte hoffen wieder zu fliegen?"

„So, jetzt essen wir erst einmal und morgen sehen wir weiter. Wird schon schiefgehen", orakelte Sina, sie war mit der Vorbereitung eines herrlichen Fischgerichts, dessen Bestandteile aus der kleinen Lagune stammten, gerade fertig geworden.

Am nächsten Morgen packten sie Essen, Getränke, ein paar Werkzeuge und eine Brechstange, die Max mitgebracht hatte, zusammen und verteilten sie auf die Mannschaft. Nur Sina blieb auf dem Schiff und war über Funk erreichbar. Nach zwei Stunden Aufstieg erreichten sie den unteren Punkt der abfallenden „Landebahn". Während des Aufstiegs beseitigten sie kleinere Steine und mit der Brechstange größere Steinbrocken, die der Vulkan bei einem Ausbruch auf den erkalteten Lavabahnen verstreut hatte. Immer wieder mussten sie mit vereinten Kräften größere Steine an den Rand der Piste bugsieren. Joffrey Stiller, der Beamte, war vorausgegangen, um sich den Toten und die Gesamtsituation anzusehen. Als sie hochkamen, hatte er die Überreste des Piloten schon in den Leichensack gepackt, Fotos und Notizen gemacht. Nachdem Jan dann ankam fragte er ihn, ob sie seit dem Auffinden des Flugzeuges etwas verändert hatten, was Jan so beantwortete.

„Meine Frau und ich haben nur das Testament an uns genommen, ich habe das Fahrwerk repariert, die verschmutzten Kerosin- und die Luftfilter ausgetauscht, die Tankfüllung kontrolliert und probeweise den Motor angelassen."

Der Beamte machte sich noch ein paar Notizen, ließ Jan sein Protokoll durchlesen und unterschreiben. Die Piloten setzten sich ins Cockpit, prüften die Anzeigen, machten einen Preflight-Check mit der Checkliste und starteten dann den Motor. Da die Maschine hangaufwärts stand, musste sie gewendet werden, das gelang auch problemlos. Jetzt probierten sie ein Anrollen und stoppten. Dann drehten sie das Flugzeug wieder und brachten es in die oberste Startposition. Die beiden erfahrenen Piloten besprachen noch ein paar Details über den Start, dann sagte Tom:

„Also Max alles klar, Joffrey und ich gehen zu unserer Maschine und werden deinen Start aus der Luft beobachten. Wenn es schiefgeht, werden wir dich aus dem Wasser auffischen. Ansonsten fliegen wir heute gleich noch bis zur Isla Socoro und starten morgen früh von dort aus nach Hikueru. Also dann, Hals und Beinbruch, du siehst ja, wenn ich in der Luft bin, dann kannst du starten und vergiss nicht deine Schwimmweste anzuziehen."

„Alles klar, danke und guten Flug."

Nach weiteren eineinhalb Stunden, die Tom und Joffrey zum Abstieg benötigten, hörten Jan und Max das Motorengeräusch von Toms Maschine, der wieder in der Luft war. Max startete den Motor und ließ ihn warmlaufen. Es war ein schöner Tag, die Sonne schien, der Wind strich leise hangaufwärts. Die Thermik wehte aus dem Tal Staub und Blätterteile über die Abrisskannte des Plateaus nach oben, es passte einfach alles. Unten hielt sich Sina mit dem Dinghi bereit, um notfalls Max zu „retten". Was konnte da noch schiefgehen, fragte sich Max, doch er wusste aus eigener Erfahrung sehr wohl, dass Murphys Gesetz jederzeit unbarmherzig zuschlagen konnte. Er traute den so reibungslos verlaufenen Startvorbereitungen nicht, stieg wieder aus der Kanzel aus, ging noch einmal um die Maschine herum: hatte er wirklich an alles gedacht? Er stellte den Motor wieder ab. Danach prüfte er nochmal das Seiten- die Quer- und Höhenruder, war da nicht ein Quietschton, der ihn vorher entgangen war. Da war es, er rief Jan, er solle mal überall genau hinhören, wenn er die Pedale bediente. Ja, da war was, aber Max meinte, das sei normal, dass da manchmal etwas knarrte.

„Gut, ich probiere es einfach, ich habe nur einen Versuch, entweder ich komme hoch oder ich stürze ins Meer, Tschüss."

Damit schlug er die Tür zu, startete den Motor wieder und gab Vollgas, dann löste er die Bremse und die Maschine schoss los, wie von Fesseln bereit den Hang hinunter. Er nahm sich vor, erst ganz kurz vor dem Ende der Piste die Maschine hochzuziehen. Das Ende der Piste kam schnell, viel zu schnell näher, wie ihm schien und er hatte noch nicht den notwendigen Auftrieb unter den Flügeln, doch es gab kein zurück. Kurz vor dem Ende des Plateaus zog er die Steuersäule bis zum Anschlag nach hinten, die Maschine hob ab, schoss über den Abhang hinaus und sackte wieder ab. Ein- zwei endlose Sekunden lang fiel sie durch, er nahm die Steuersäle etwas zurück, sodass die Maschine weitere Geschwindigkeit aufnehmen konnte und fing sie erst kurz über dem Wasser ab. Langsam, ganz vorsichtig, zog er sie wieder in die Normallage. Dann stieg er auf, wackelte nach Fliegerart mit den Flügeln und erst dann kam die Stimme von Tom aus dem Lautsprecher.

„Gut gemacht Max, ich wusste, dass die Piste 50 Meter zu kurz ist, doch ich wollte dich nicht verunsichern und wir hatten ja den Sturzflug

200

und das Abfangen ausgiebig geübt, ich war mir absolut sicher, dass du es schaffen würdest, Glückwunsch."

„Danke für deine Hilfe, wir sehen uns auf der Isla Socorro."

Der Rückflug der beiden Maschinen nach Hikueru verlief reibungslos. Tom und Joffrey flogen am nächsten Morgen mit der Leiche weiter nach Papeete. Für Tom begann erst einmal ein längerer Werkstattaufenthalt, der mit der Montage der Schwimmer endete. Als die Probefüge absolviert waren, probte er ein paar weitere Starts und Landungen mit den Schwimmern, genauso wie es ihm Tom beigebracht hatte, dann flog er nach Reirotu. Als er eine Ehrenrunde über der Lagune zog, staunte er nicht schlecht, man hatte extra für seine Ankunft einen Kopfsteg gebaut und ihn mit bunten Bändern geschmückt, der neue Liegeplatz für die „Runway", so hatte er sie getauft.

Sina und Jan waren noch auf der Insel geblieben. Werner erzählte, dass es ihnen auf der Isla San Benedicto gut gefallen würde. Sie wollten noch eine Zeitlang dortbleiben, um „Urlaub" zu machen. Kein Wunder, sie hatten sich jetzt lange genug herumgetrieben, nun suchten sie Ruhe und Geborgenheit. Die Vulkaninsel bot ihnen eigentlich alles, was sie sich wünschten, totale Abgeschiedenheit, die brauchten sie nach ihren schon ein paar Jahre andauernden Seeabenteuern. Also blieben sie, solange ihnen die Vorräte nicht ausgingen. Machten lange Wanderungen, schliefen in ihren Schlafsäcken im Freien und ernährten sich von Meeresfrüchten und was die Natur hergab. Im Morgengrauen packten sie wieder ihre Tragegestell-Rucksäcke und machten einen langen Ausflug auf die Rückseite des Berges. Picknickten mittags, genossen beim Sonnenuntergang eine mitgebrachte Flasche Wein, und die herrlichen Düfte der Busch-Blüten, die der leichte Wind von den Hängen zu ihnen heraufschickte.

In der Nacht fing der Vulkan an zu grummeln, aus den Fels- und Erdspalten stiegen Gase auf. Sie spürten, da war etwas im Gange, deshalb standen sie auf und packten schnell ihre Sachen zusammen. Dann donnerte es ein paarmal gewaltig und sie wussten nun, er war wieder wach geworden, der Vulkan. Schwarzer Rauch stieg aus dem Krater auf. Steine polterten den Berghang hinunter, Funken und Glut schoss in die Höhe. Der aufkommende Wind drehte sich, lenkte die Gase und Rauchschwaden nach Westen, genau in die Richtung, in die sie mussten, um zu ihrem Katamaran zu kommen. Dort lief die Uferzone zwar flacher aus, doch durch die Rauch- und Gasschwaden kamen sie nicht hindurch, darin wären sie glatt erstickt. Inzwischen wurde das Grummeln stärker, ein Weg über die östlichen Ufer war nicht möglich, weil sich hier nur Steilküsten befanden, an denen sich die Brandung brach. Der Weg über den Gipfelkrater war durch den Ausbruch versperrt. Sie beobachteten den Kraterrand, aber von einem Lavastrom war erst einmal nichts zu sehen.

„Jan, was machen wir jetzt, ich bin keine Vulkanologin, doch ich weiß bei Ausbrüchen kann es immer wieder passieren, dass Pausen entstehen. Danach legt er richtig los oder beruhigt sich wieder. Wir sollten hier abwarten, eine andere Möglichkeit sehe ich nicht."

„Du hast vermutlich recht, im Moment haben wir keine Chance zu unserem Schiff zu kommen", dabei hustete Jan stark, denn der Schwefel kroch den Berg hinunter und reizte die Lungen. „Ich dachte schon daran über Satellitentelefon unser Flugzeug anzufordern. Was hältst du davon?"

„Probiere doch mal mit der Hand-Funke, auf Kanal 16 einen Notruf abzusetzen, vielleicht ist doch ein Schiff in der Nähe."

Sie erhielten aber keine Antwort, was nicht verwunderte, weil die Reichweite des Gerätes doch sehr begrenzt war und zudem der Berg die andere Seeseite abschirmte.

„Los setz einen Notruf mit dem Satellitentelefon ab, die sollen alle Schiffe im Umkreis der Insel benachrichtigen, vielleicht kann uns doch jemand hier rausholen."

202

Zwischen Hoffen und Bangen, warteten sie noch ein paar Stunden, es wurde Nachmittag und die Aktivitäten des Vulkans verstärkten sich zusehends, inzwischen floss ein Lava-Strom den Westhang hinunter und der Buschwald knisterte, wenn er sich entzündete, Flammen und Rauch vereinigten sich mit den Gas- und Gesteinswolken, die der Vulkan ausstieß.

„Jan, ruf Max an. Er soll losfliegen, wenn wir ihn nicht brauchen, schicken wir ihn wieder zurück. Das sind 5800 Kilometer, mit seinen Zusatztanks müsste er in zirka 20 bis 25 Stunden hier sein."

So saßen sie bis es dunkelte, dann meldete sich Max, dass er in der Luft sei, und dass er einen weiteren Piloten für den Flug engagiert hatte. Doch als es Nacht wurde, drehte der Wind nach Nord-West, die Rauchwolken zogen ab, die Sicht in den Himmel wurde klar und der Vollmond erleuchtete den Wald. Allerdings polterten immer noch Steine den Abhang hinunter, doch sie blieben jetzt weiter oben am Berg liegen.

„Was meinst du, sollen wir es wagen, wir haben ja zwei Taschenlampen dabei und die Nacht ist hell, eine weitere Chance bekommen wir nicht."

„Gut wir kennen ja den Weg am Berghang entlang, in einer Stunde sollten wir beim Schiff sein. Hoffentlich ist die Lava nicht schneller."

Als sie näher an die Bucht herankamen sahen sie, dass die Lava ihren alten Weg über das Plateau genommen hatte und am Ende des Abhangs ins Meer stürzte, wo sie mit gewaltigem Aufschäumen rotglühend im Meer verschwand. Ein paar Wochen früher, hätte sie das Flugzeug mit dem toten Piloten mitgenommen in das nasse Grab. Der Weg war versperrt, sie spürten die ungeheure Hitze und mussten wieder zurück zu ihrem Lagerplatz. Doch auch hier würde es vermutlich nicht mehr lange sicher sein und Jan überlegte, wie sie hier wegkommen konnten. Die Steilküste versperrte den Weg nach Osten und die Lava den Weg nach Westen. Es blieb nur noch der Wasserweg. Jan rief nochmal die Küstenwache an, aber es hatte sich kein Schiff in der Nähe gemeldet. Der Pazifik ist doch ein ziemlich leeres Meer und ihre Insel lag auch nicht an den Hauptrouten der Schifffahrt.

Als es hell wurde, stieg die Hitze nicht weiter an, doch das konnte sich schnell ändern, wenn die Lava einen neuen Weg finden sollte. Mit Max hatten sie einen Zeitplan für die Anrufe verabredet um ihre Batterien zu schonen. Er befand sich etwa eine Stunde vor dem >Point of no retourn<, an dem er nicht mehr umkehren konnte, weil ihm sonst der Sprit ausgegangen wäre. Das Knistern verriet, dass die Lava das Buschwerk bereits dort entzündete, wo sie in der Nacht umgekehrt waren.

„Es hilft alles nichts mehr, wir müssen aufs Wasser, lieber ertrinken als verbrennen", sagte Sina und Jan meinte:

„Wenn wir dieses Astzeug am Ufer mit unseren Bergseilen zu einem Bootsgerippe zusammenbinden und unser Zelt außen herum befestigen, müsste es ein ganz brauchbares Boot ergeben, wir müssen es nur ganz unten drin beschweren, damit es stabil im Wasser liegt."

„Tolle Idee, wir fangen gleich an, wenn Max kommt, kann er uns auffischen, GPS haben wir ja am Satellitentelefon."

„Und unsere Handys empfangen auch hier die Geodaten."

Die hatten sie immer dabei um sich gegenseitig zu finden, doch hier draußen hatten sie außer GPS keinen Empfang. Nach zwei Stunden stand das Bootsgerippe in der Zeltbahn, dann machten sie es an den Rändern fest. Als es im Wasser lag, hing es ziemlich schief, doch Jan beschwerte es so, dass es danach sauber im Wasser schwamm. Während der ganzen Zeit hatte Sina aus Treibholz zwei Stechpaddel geschnitzt. Jan füllte noch den Innenraum des Bootes mit Gestrüpp, nun ging alles sehr schnell. Die Rucksäcke dienten als Sitze, Sina telefonierte noch mit Max, der noch zirka acht Stunden bis zur Wasserung benötigen würde. Dann legten sie ab, die Paddel waren nicht ganz fertig geworden, als sie kurz darauf auf dem Wasser trieben, verschlankte Jan mit seinem Survival-Knife noch die Paddel-Flächen an den Blättern, mit denen sie sich durchs Wasser bewegten.

„Sag mal, da hättest du doch gestern schon draufkommen können, ja, ja, ich weiß ja, >hätte, hätte, Fahrradkette<, ich bin dir ja so dankbar, dass ich nicht schon in so jungen Jahren eingeäschert werde."

„So, die Paddel sind auch fertig, jetzt wird sich zeigen, ob wir es bis zum Schiff schaffen."

Als sie ablegten, war in Ufernähe noch alles in Ordnung, doch dann kam die Stelle, wo die Lava ins Meer strömte. Sie mussten im großen Bogen auf das Meer hinaus ausweichen, um nicht gekocht zu werden. Es zischte und brodelte, die Lava war leichter als Wasser und schwamm auf, ein einzigartiger Hexen-kessel. Erst als sie sich abkühlte und mit Wasser vollsog, versank sie wieder. Es gab jedoch einen starken Sog in Richtung offenes Meer, dem sie sich nicht entziehen konnten. Dagegen anpaddeln wäre sinnlos gewesen, also ließen sie sich treiben, doch als ihre Insel immer kleiner wurde, wagten sie den Strom zu durchqueren. Dazu nahmen sie im Winkel von 45 Grad einen Anlauf und steuerten so schnell sie paddeln konnten hindurch. Da sich das „Boot" dabei mehrmals im Kreis drehte, trieben sie noch weiter ab. Als sie es endlich geschafft hatten, kamen sie in den Sog des Kehrwassers, der sie wieder in die Lavazunge hineintrieb. Anfangs freuten sie sich über die Geschwindigkeit, mit der sie wieder auf ihre Insel zusteuerten, doch bald erkannten sie, dass sie aus dem Kehrstrom so schnell wie möglich herausmussten. Da das Boot kein Steuerruder hatte, musste Jan, der hinten saß, immer mit dem Paddel steuern. Mit dieser Technik schafften sie es seitwärts aus dem Kehrwasser herauszukommen.

„Sina sagte, früher habe ich schon mal ein paar kleine Paddeltouren gemacht, wir sollten uns zwei Paddel-Boote oder einen Zweier kaufen, dann müssten wir nicht immer das Dinghi nehmen, denn oft sind es nur ein paar Bootslängen zum Ufer."

„Gute Idee, das werden wir machen, aber vorher werde ich mich mal schlau machen, denn ich kann mir vorstellen, dass man diesen Job auch erst mal lernen muss. Wenn wir den Ausflug gestern mit kleinen Booten gemacht hätten, wären wir eventuell nicht in diesen Schlamassel hineingeraten. Jetzt rufe ich erst mal Max an und erkundige mich, wenn er hier sein wird."

Der war nicht mehr weit entfernt, sie freuten sich schon die Insel verlassen zu können, doch dann stellten sie fest, dass sich durch die Eruptionen der Boden angehoben hatte und ihr Schiff nun auf dem Trockenen lag. Der Muschelkalk und das abgestorbene Korallenmaterial, war noch feucht von Meerwasser, das aus dem Teich hinter dem Korallengürtel abgeflossen war. Anscheinend war der gesamte Berg angehoben worden. Zum offenen Wasser war es nicht sehr weit, doch wenn es weitere Eruptionen geben sollte, war der Katamaran nicht mehr zu retten. Als erstes brachten sie an jedem Rumpf ein langes Tau an, das sie an beiden Seiten von dem ehemaligen Korallengürtel links und rechts der Durchfahrt festmachten. Das Wasser davor fehlte ganz und die schöne Unterwasserwelt war restlos zerstört worden, nun liefen sie auf dem ehemaligen Meeresboden. Zu zweit trugen sie den Hauptanker ins tiefere Wasser, bis die Kette ganz ausgezogen war. Natürlich war das Schwerstarbeit, denn die schwere Kette musste Hand über Hand ausgezogen und nachgeholt werden. Als sie fertig waren und das im wahrsten Sinne des Wortes, gönnten sie sich erst mal ein ausgiebiges Vesperbrot. Jan hatte für besondere Fälle zwei handkurbelbetriebene, große Winschen für die Blister an Bord belassen, er wollte sich nicht nur auf Elektrowinschen verlassen, denn Strom kann ausfallen. Natürlich funktionieren Elektrowinschen auch ohne Strom, aber wegen des Übersetzungsverhältnisses nicht so gut. Er legte nun zwei weitere lange Leinen an zwei Hahnepot, die er in den zerstörten Korallengürteln verankert hatte. Sie hatten nun zwei starke Leinen, an den Winschen der beiden Rümpfe und die Ankerkette. Sina bediente die Ankerwinsch und Jan kurbelte wechselseitig an den Handwinschen. Langsam bewegte sich das Doppelrumpfboot nun in Richtung Wasser. Innerlich jubelte er, denn es war nur eine Frage der Zeit, dann würde es wieder schwimmen. Doch der Mensch denkt und das Schicksal lenkt. Es knirschte unter dem rechten Rumpf, er war vermutlich auf einen Widerstand gestoßen. Wahrscheinlich stand eine abgestorbene Korallenspitze unten hervor. Es blieb nichts anderes übrig, sie mussten die Stelle mit der Schaufel freilegen, was Stunden dauern konnte. Im Angesicht des verrückt

206

gewordenen Vulkans ging es unter Umständen um Minuten, um hier wegzukommen, und die Nacht war nicht mehr fern, wo sie die Arbeiten einstellen mussten. Sie hielten kurz inne, um sich zu beraten und kamen zu dem Schluss, zuerst das Dinghi mit der Rettungsinsel zu beladen, Wasser und Lebensmitte, Telefon, Funke, Kartenmaterial und alles was man sonst auf hoher See zum Überleben braucht, einzuladen. Sie mussten es eventuell schwimmend vor sich herschieben, aber auf der Flucht vor dem Vulkan konnten sie dann noch die Rettungsinsel aufblasen.

Nach dem Abendessen beschlossen sie sich erst einmal auszuschlafen. Doch wie es bei jungen Leuten manchmal so ist, kuschelten sie sich trotz der großen Gefahr, in der sie schwebten, zusammen, denn der Vulkan konnte jeden Moment seine Gaswolken und Steingeschosse in ihre Richtung schleudern. Doch die Natur forderte Entspannung, sie nahm auf menschliche Sorgen keine Rücksicht und ehe sie sich versahen, war aus dem Kuscheln Sex geworden. Danach schliefen sie nach all den Strapazen ein. Stunden später wachten sie durch starkes Rütteln wieder auf, das ganze Schiff wackelte und schaukelte auf dem schwankenden Untergrund. Der Vulkan hatte sich zurückgemeldet. Als sie rausschauten, lagen die Leinen und die Ankerkette lose im Sand und ihr Schiff schwamm in einer Pfütze. Vor ihnen hatte sich eine Sandbank gebildet, die den kleinen Teich verschloss.

In der Morgendämmerung hörten sie ein noch fernes Grummeln, sie schauten in den Himmel, aber es war noch nichts zu sehen.
„Das ist Max, ", stellte Sina fest, als die Maschine dann im Morgennebel auftauchte. Wie er später berichtete, hatte er den Vulkankegel schon von weitem ausmachen können, war dann aber in den Tiefflug übergegangen, um die Wellenlage und die Windrichtung für die Landung zu prüfen.
„Ich gehe mal an die Funke", was Sina mit einem Kopfnicken bestätigte. Als er Max erreichte, erklärte er ihm, dass sie sich zirka 1000

Meter nördlich der Abbruchkante der „Landebahn" befanden. Als Max problemlos gelandet war, zogen sie das Dinghi ins Wasser und fuhren zum Flugzeug rüber. Eine längere Lagebesprechung ergab, dass sie versuchen wollten den Katamaran zu retten, sich aber auch jederzeit bereithielten abzufliegen. Durch die nochmaligen Veränderungen des Untergrunds in der Nacht, hatten die Leinen keinerlei Widerlager mehr. Die Korallenbänke waren wohl endgültig in den Untergrund abgesunken, deshalb kappten sie die ausgebrachten Leinen. Die Ankerwinsch legten sie wieder auf Zug. Dann arbeiteten sie mehrere Stunden an zwei Kanälen, durch die sie den Kat wieder in offenes Wasser ziehen wollten. Auch der Co-Pilot arbeitete fleißig mit, doch bis eine ausreichende Wassertiefe ausgehoben war, konnte es noch bis zum Abend dauern. Dann hatte Max eine gute Idee.

„Passt mal auf, ich hole das Flugzeug heran, wir verbinden die Leinen mit dem Flugzeug und versuchen mit dem Anker und der Propellerkraft den Kat freizuschleppen."

Jan brachte Max wieder zum Flugzeug und als er die Maschine richtig ausgerichtet hatte, verband er die beiden Leinen mit dem Ankertau des Flugzeugs. Schon beim ersten Versuch hatten sie Erfolg, Jan hatte beide Bootsmotoren in Leerlaufstellung mit mittlerer Drehzahl laufen, das war wegen der Stromerzeugung für die Ankerwinsch erforderlich. Das war natürlich nur eine kurze Zeit möglich, denn die Meerwasserkühlung war an Land nicht vorhanden. Dann stand er an der Winsch und gab Max das Zeichen zum Anziehen. Der Motor der Maschine heulte ohrenbetäubend auf, Sina schob die Gashebel der Schiffsmotoren auch etwas nach vorn und Jan drückte auf den „On"-Knopf der Fernbedienung für die Ankerwinsch. Die Spannung stieg, ein Zittern ging durch den Mast, es gab einen Ruck, der Katamaran löste sich aus dem Muschelkalk und glitt Richtung Meer.

Langsam aber stetig rutschten die schlanken Bootrümpfe in Richtung Wasser, dann steckten sie wieder fest. Jan versuchte es mit Ein- und Ausschalten der Ankerwinsch, der Rumpf bewegte sich immer nur um Zentimeter weiter. Über Funk brach er den Versuch wieder ab.

„Eine Möglichkeit gibt es noch, wenn wir versuchen würden, gleichzeitig ruckartig anzuziehen."

„Gut, das machen wir, du gibst den Takt an", sagte Max.

„Nein du machst das, ich höre ja, wenn du Gas gibst."

Der Wellengang hatte etwas zugenommen und das Wasser war durch die auflaufende Tide etwas angestiegen. Bei jedem Wellenschlag schwappte es nun in die ausgehobenen Gräben. Sie probierten nun erst mal den Anzug und die Pausen zu koordinieren. Jedes Mal, wenn das synchron klappte, kam der Kat ein Stückchen weiter frei und dann ging es sehr schnell, das Flugzeug machte einen kleinen Satz nach vorn und stoppte sofort wieder. Jan zog noch die Kette ein, dann hängten sie schnell das Dinghi hinten an. Max auf den Schwimmern, warf die Zugleinen von der Ankerwinsch des Flugzeugs los und der Kat war frei. Dinghi und Leinen wurden eingeholt und los ging es hinaus aufs offene Meer. Der leichte Wellengang wurde stärker, deshalb wurde es Zeit, dass Max zum Tanken auf der Isla Socorro in die Luft kam. Sina und Jan bedankten sich für die Hilfe bei Max und dem Co-Piloten. Sie waren über die Rettung aus höchster Gefahr überglücklich und beschlossen in Zukunft Vulkaninseln zu meiden. Dann starteten sie in Richtung ihrer neuen Heimat und unterrichteten noch Reirotu über den glücklichen Ausgang des Abenteuers. Sie hatten in etwa zwei Drittel der Strecke über den Pazifik geschafft und sich von den Anstrengungen der letzten Wochen gerade etwas erholt, da wurde Sina seekrank, sie wunderte sich darüber, denn eigentlich waren ihr inzwischen „Seebeine" gewachsen, doch dann merkte sie, dass sie schwanger war. In all der Aufregung hatte sie auf der Vulkaninsel nicht daran gedacht, ihre Pille zu nehmen. Als sie es Jan erzählte, nahm der sie glücklich in die Arme und sagte:

„Wenn es ein Mädchen wird, nennen wir sie Benita und einen Jungen Benedict, nach unserer Schicksalsinsel: „Isla San Benedicto."

Ende

Wenn Ihnen mein Buch gefallen hat, möchte ich Sie bitten eine Bewertung abzugeben. Gehen Sie in den Amazon-Büchershop, schreiben Sie Horst Reiner Menzel, klicken Sie in das Cover-Bild und wählen Sie Rezension, oder klicken Sie in das Feld >Schreiben Sie eine Bewertung und nicht vergessen, Sie müssen Sterne vergeben.

Vielen Dank für Ihre Mühe.

Die handelnden Personen und Plätze:

Dr. Sina von Linden	Freundin von Jan Lektorin
Dipl. Ing. Jan Berger	Freund von Sina Ingenieur
Katamaran	Oase der Lebensfreude
Dr. Werner Sänger	Freund von Jan Arzt
Sibylle Sänger	Frau von Werner Studienrätin
Ingrid und Ralf	Ihre beiden Zwillingskinder
Katamaran	Relax Katamaran von Dr. Sänger
Herr Bauer	Der Skiunfallverursacher
Bernd Jäger	Eigner und Verkäufer des Katamarans: Oase der Lebensfreude Stasimitarbeiter in Leipzig
Ruth Jäger	Seine Frau ehem. Sekretärin FDJ
Hempel Arno „Ralf der Deutsche"	Chef der Leipziger SED
Katamaran	Beteigeuze Schiff von Hempel
Moinar	Inselhäuptling von Reirotu
Jaimia	Nichte von Moinar
Reirotu	Südsee-Insel Französisch-Polynesien
Hikueru	Südsee-Insel Französisch-Polynesien
Isla San Benedicto	Pazifikinsel 19° 19' N 110° 48' W
Isla Socorro	Mit Flugfeld
Maren Skipper der	Slup Retired
Henno Maaßen	Ehemann von Maren
Slup Retired	Im Ruhestand
Birgit Kohlmann und ihr Freund Holger Barthels	Die gerettete Schiffbrüchige der Slup Cassiopeia
Frank und Edith Maysel Briten	Eigner der Slup Sea Cucumber (Seegurke)

211

Die Insel Reitoru $17° 52'0''$ Südl. Breite $143° 4'0''$ Westl. Länge	Reitoru oder Te Pirehi ist ein fast unbewohntes Atoll des Tuamotu-Archipels in Französisch-Polynesien. Das nächste Atoll Hikueru ist 50 km südwestlich entfernt. Die Lagune des Atolls hat zwei kleine Zugänge zum Meer, die von kleineren Schiffen befahren werden können. Reitoru gehört zur Gemeinde Hikueru.
Edith und Frank Maysel	Slup Sea-Cucumber - Seegurke
Max Bernhardt	Schweizer Pilot und Inselhopper
Kenneth Hargin	Toter Pilot aus Hull
Alice und Paul	Mitsegler nach Indien

Leser-Informationen

Horst Reiner Menzel wurde am 14. September 1938 in Spremberg in der Mark Brandenburg geboren. Nach dem Besuch der Schule und dem Abschluss einer Handwerks-Lehre war Menzel in den Jahren von 1953 bis 1959 im Kanu- Leistungssport aktiv. Er verließ 1959 die DDR, weil ihm die Ausbildung zum Meister und auch ein Studium der Holztechnologie verwehrt wurden, vermutlich Sippenhaft, weil sein Onkel von 1949 - 1954 als politisch Verfolgter in Torgau und Bautzen einsaß. Menzel arbeitete dann in der Bundesrepublik in einem größeren Handwerksbetrieb und begann eine kaufmännische Ausbildung, in deren Anschluss er von 1959 bis 1980 als Angestellter und Betriebsleiter, in diesem Betrieb tätig war. Ab 1980 führte Menzel zusammen mit seiner Frau Doris einen eigenen selbständigen Handwerksbetrieb, bis er im Jahre 2003 den Betrieb an seinen Schwiegersohn übergab, in Pension ging und sich dem Schreiben widmete.

Hobbys: Sport - Musik- Schach - Schreiben – Bücher

Der Autor

213

Leser-Informationen

Horst Reiner Menzel wurde am 14. September 1938 in Spremberg in der Mark Brandenburg geboren. Nach dem Besuch der Schule und dem Abschluss einer Handwerks-Lehre war Menzel in den Jahren von 1953 bis 1959 im Kanu- Leistungssport aktiv. Er verließ 1959 die DDR, weil ihm die Ausbildung zum Meister und auch ein Studium der Holztechnologie verwehrt wurden, vermutlich Sippenhaft, weil sein Onkel von 1949 - 1954 als politisch Verfolgter in Torgau und Bautzen einsaß. Menzel arbeitete dann in der Bundesrepublik in einem größeren Handwerksbetrieb und begann eine kaufmännische Ausbildung, in deren Anschluss er von 1959 bis 1980 als Angestellter und Betriebsleiter, in diesem Betrieb tätig war. Ab 1980 führte Menzel zusammen mit seiner Frau Doris einen eigenen selbständigen Handwerksbetrieb, bis er im Jahre 2003 den Betrieb an seinen Schwiegersohn übergab, in Pension ging und sich dem Schreiben widmete.
Hobbys: Sport - Musik- Schach - Schreiben – Bücher

Reader Information

Horst Reiner Menzel was born on September 14, 1938 in Spremberg in the Mark Brandenburg. After attending school and completing an apprenticeship as a craftsman, Menzel was active in competitive canoeing between 1953 and 1959. He left the GDR in 1959, because he was denied the opportunity to train as a master craftsman and also to study wood technology, presumably because his uncle was imprisoned in Torgau and Bautzen as a politically persecuted person from 1949 to 1954. Menzel then worked in the Federal Republic of Germany in a large craft enterprise and began a commercial apprenticeship, after which he worked in this enterprise from 1959 to 1980 as an employee and plant manager. From 1980 Menzel and his wife Doris ran their own independent craft business until he handed over the business to his son-in-law in 2003, when he retired and devoted himself to writing. Hobbies: sports - music - chess - writing - books

214

Veröffentlichungen:

Im Amazon und BoD Verlag als Taschenbücher und
Kindle E-Books deutschsprachig und

Publications:

In Amazon und BoD Verlag
as Paperbacks and Kindle E-books English

1

Gedichte und Aphorismen erzählen Geschichten
-Nachdenkliches für Mußestunden –
ca. 175 Gedichte 500 Aphorismen u. Epigramme
Amazon Taschenbuch: ISBN 13: 978-1508711605
Amazon E-Book-Code ASIN: BOO81FUBYG

2

Deutsch-Amerikanische Familienbande
Eine Familien-Saga erzählt die Geschichte der Auswanderer,
von Siedler-Trecks, Goldgräbern und Farmern,
von den Kriegsereignissen und der Nachkriegszeit.
Amazon Taschenbuch: ISBN 13: 978-1523693535
Amazon E-Book-Code ASIN: B01BDN5KWA

3

German-American Family Saga
A family saga tells the story of the emigrants, of settler treks, gold
diggers and farmers, of the war events and the post-war period.
Amazon Paperback: ISBN: 9798575985259
Amazon E-Book-Code ASIN: B08PP1FS6F

4

Denkanstöße-Philosophische Betrachtungen
Gesellschaft im Wandel der Zeiten
BoD Books and Demand und Amazon Verlag
Taschenbuch: ISBN 9783753420615
E-Book: 9783753413143 ASIN : B08Z41GV51

5

Denkanstöße Philosophische – Betrachtungen
Astronomie – Physik – Universum
Künstliche Intelligenz – Robotik
BoD Books and Demand und Amazon Verlag
Taschenbuch: ISBN 9783752683417
E-Book: ISBN 9783753468297 ASIN : B08Y93R43D

6

Der ~Blitzschutz~
Die Entstehung einer Branche und ihre Normen-Krise
von 1955 - 2010
Amazon Taschenbuch: ISBN 13: 978-1508509301
Amazon E-Book-Code ASIN: B0098PNPEQ

7

Segelfieber
Fahrtensegler-Roman in der Seemannssprache, welche die harten Re-
alitäten auf hoher See nicht mit Seefahrerromantik verklärt, sondern
aufklärt.
BoD Books and Demand
Taschenbuch: ISBN: 9783746047720
E-Book: ISBN: 9783753469782

8

Lebensabschnitte
Episoden-Geschichten, Erinnerungen an den Krieg,
die Nachkriegsjahre, den Neuaufbau Deutschlands.
Amazon Taschenbuch: ISBN 13: 978-1508520634
Amazon E-Book-Code ASIN: B00863LFAC

9

Stalking-Report

Der Jurist definiert Stalking als Nachstellung und Verfolgen einer Person, die solange wiederholt wird, bis das Opfer in seiner physischen oder psychischen Unversehrtheit nachhaltig gestört ist und sich langfristig bedroht und geschädigt fühlt. Der Roman erzählt die Geschichte einer jungen Frau, die anfangs das Geschehen für den Spleen eines abgewiesenen Verehrers hält, sich dann aber bald in ihren Lebenskreisen immer mehr einschränken muss, um den exzessiven Nachstellungen des Stalkers zu entgehen. Die hilfesuchend die Behörden anruft, aber lange Zeit auf taube Ohren stößt. Erst durch ein entscheidendes Ereignis, dass sie selber auslöst, wird sie plötzlich vom Opfer zur Angeklagten.

Amazon Taschenbuch: ISBN-13: 978-1535286572
Amazon E-Book-Code ASIN: B01KHTM5GU

10

Stalking Report

The jurist defines stalking as the stalking and pursuit of a person that is repeated until the victim is permanently disturbed in his physical or psychological integrity and feels threatened and harmed in the long term. The novel tells the story of a young woman who initially believes the events to be the quirk of a rejected admirer, but soon has to restrict herself more and more in her life circles in order to escape the excessive stalking of the stalker. She calls the authorities seeking help, but for a long time it falls on deaf ears. Only through a decisive event that she herself triggers, she suddenly goes from victim to defendant.

Amazon Paperback: ISBN: 979-8582816287
Amazon e-book ASIN: B08QVRX4C2

11

Silberpappeln

Roman und Huldigung an den Kanusport – Paddeln – Freizeit – in freier Natur genießen. Eine der wenigen Sportarten, die Welt aus einer anderen Perspektive zu sehen. Amazon Taschenbuch: ISBN-13: 978-1533673640 mit Schwarzweiß Bildern
Amazon Taschenbuch: ISBN-13: 978-1539830054
mit Farbfotos Amazon E-Book-Code ASIN: B01M3X34ML

12

Das Verkehrs ABC

Ein Erfahrungsbericht aus 55 Jahren Fahrpraxis
Die häufigsten Fahr- und Denkfehler der
Verkehrsteilnehmer – Wie überlebe ich im Verkehrs-Chaos
Amazon Taschenbuch: ISBN 13: 978-1508474197
Amazon E-Book-Code ASIN: B00HQ27NM8

13

Die Aussteiger-The Dropouts

Oase der Lebensfreude für Zivilisationsmüde
Taschenbuch: ISBN: 9783753462264
E-Book-Code: ASIN : B08Z41GV51

14

Elektrofahrrad-Pedelec von A -Z

Ein Erfahrungsbericht für Einsteiger
- Technik - Navigation - Verkehrsprobleme und mehr
Amazon Taschenbuch: ISBN 13: 978-1508444350
Amazon E-Book-Code ASIN: B00T80UC42

15
Für tot erklärt

>Für tot erklärt < - erzählt die fiktive Geschichte von Rudolph Kaiser und beschreibt eine für seine Familie unerträgliche Situation in drei Teilen. Die des „Kriminellen", des „Verschwundenen" und die, der „Hinterbliebenen". Eigentlich eine wahre Geschichte, die sich jeden Tag an Land und auf hoher See, in der Berufs- Kreuz- und der Sport-Schifffahrt von Neuem ereignen kann.
Amazon Taschenbuch: ISBN 9781979915090
Amazon E-Book-Code: ASIN: B07MNZMT7S

16
Die Tuchmacha

Eine leidenschaftliche Heimat-Geschichte beginnend mit dem Erwachen des Industriezeitalters im 19. Jahrhundert der Spremberger Tuchmacherdynastien, erzählt von einem mit Spreewasser getauften Spremberger Horst Reiner Menzel.
Amazon Taschenbuch: ISBN 9798682501441
Amazon E-Book ASIN: B089SYB84B

17
Short Storries

What all this has come together in a long life.
Stories to smile and think about.
Impaled and written down,
Short stories to fall in love with.
Amazon Paperback: ISBN 9798692510969
Amazon E-Book Code: ASIN: B08KHH7VZ7

18

Der Blitz-König

Ein Blitzschutz-König, das war er in seinem Reich und in der Branche, ein Monarch im Tun und Handeln, und er wurde es wahrlich, ohne große eigene Anstrengung und Zutun. Sein Verdienst war es allerdings, immer die richtigen Leute zu finden, die ihn am Ende dorthin brachten was er wollte: Viel Geld.

BoD Books and Demand und Amazon Verlag

19

Kurzgeschichten

Was so alles zusammengekommen ist in einem langen Leben. Geschichten zum Schmunzeln und Nachdenken.

Amazon Taschenbuch: ISBN 9798682501441
Amazon E-Book ASIN: B08HK23CN4 Deutsche-Version
Amazon Paperback: ISBN: 9798692510969 Deutsch
Amazon E-Book ASIN: ASIN: B08KHH7VZ7 English Edition
Taschenbuch: ISBN ISBN: 9783752660098
E- Book Code: ASIN: B08LKF1KGX

20

Das Schwimmbad A B C

Die allermeisten Bauherren sind Schwimmbad-Leien. Es gibt auch nur wenige Architekten, die sich mit der Materie wirklich auskennen. Man verlässt sich gern auf die „Fachleute" respektive Schwimmbad-Errichterfirmen und steht dann oft schon beim Bau und später bei der Schwimmbadbetreuung einsam und verlassen da. Die Anlage kann durchaus gut und richtig geplant und auch ausgeführt worden sein, doch nun steht man vor der riesigen Aufgabe dieses Technikmonster am Laufen zu halten.

Amazon Taschenbuch: ISBN 9798654117342
Amazon E-Book-Code: ASIN: B08B8Y5NBY